Textes et photos
Francis de Richemond

les plus belles **balades** *de la mer aux cevennes*

50 itinéraires autour de Montpellier

Les Editions du Pélican
La Maison d'Eurydice
114, avenue de M. Teste
34000 Montpellier
Tél. : 67.45.24.21

SOMMAIRE

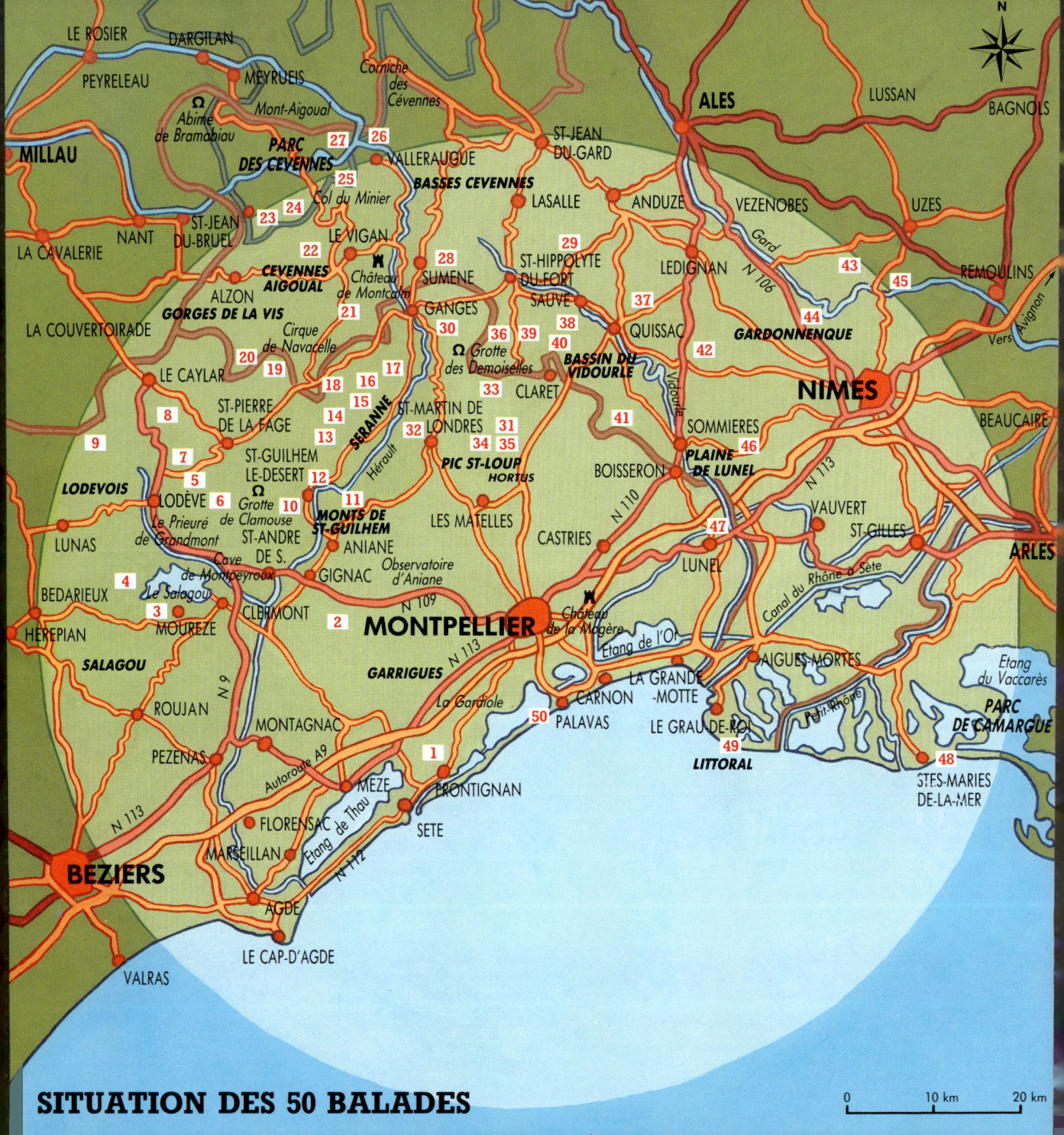

SITUATION DES 50 BALADES

0   10 km   20 km

AVANT-PROPOS

C'est bien connu, rien ne vaut quelque temps d'exil pour se rendre compte que l'on est attaché à sa région. Comme beaucoup de provinciaux j'ai vécu à Paris, avant de bien vite revenir aux sources. Bien qu'enfant du pays, je connaissais peu ma terre d'origine ou n'en cernais vaguement que les grands axes. Durant cette période, de retour pour les vacances, je me souviens avoir observé pour la première fois qu'après une balade dans la garrigue, on rapporte avec soi l'odeur du thym collée à ses semelles. C'est aussi à ce moment-là que j'ai remarqué que le Midi est la seule région en France à garder ses couleurs toute l'année. Ailleurs, en hiver, tout se fond dans une tonalité monochrome grise.

Une mine d'or

Alors j'ai mis les bouchées doubles pour rattraper le temps perdu. Je dois avouer que, pendant plus de quinze ans, de nombreux reportages réalisés pour le magazine « Connaissance du Pays d'Oc » m'y ont aidé. Ensuite, avec mes copains spéléos, j'ai arpenté le bartas à la recherche de cavités ou, plus simplement, pour en retrouver l'entrée (la plupart du temps on les déniche dans des endroits impossibles !). Certaines de ces marches d'approche valaient parfois autant le déplacement que le gouffre lui-même. Et puis, il y a ma collection de cartes IGN au 1/25 000. C'est ma mine d'or ! je fais rire mon entourage en passant des heures à les fouiller loupe en main !

Pourtant, que de petits coins de Paradis n'ai-je pas découvert comme ça. Ceci dit, la carte n'étant pas le terrain, on peut avoir des surprises, lorsque, par exemple, on cherche un chemin qui n'existe plus ou une belle forêt qui a été rasée. Sauf pour préparer ce livre, je

Cévennes tourmentées et le dernier la plaine littorale. Tous vous sont proposés, avec une échelle de difficultés, afin qu'à chaque saison, selon le temps dont on dispose, le nombre et l'endurance des participants, on puisse trouver une balade appropriée à la situation. On peut donc adapter la recette à son estomac ou n'en prendre que les ingrédients et confectionner un plat à son goût.

Faire cœur avec la nature

Faire cœur avec son milieu naturel est devenu de salubrité publique et l'engagement de l'honnête homme de notre fin de siècle. L'automobile est un moyen commode pour aller au-devant de la nature. En nous permettant d'atteindre les régions les plus éloignées, elle élargit notre champ d'investigation qu'à « l'échelle humaine » nous devrions restreindre. Encore faut-il savoir stopper son véhicule et renoncer à son confort ramollissant pour se promener à pied, car ce n'est qu'au rythme de la marche que la nature se révèle. Elle se gagne à la fermeté des mollets et à la longueur du souffle, se laisse apprivoiser par qui donne un peu de soi et la respecte (en évitant par exemple de cueillir des fleurs : elles seront fanées avant d'arriver à la voiture).

Soyons justes ! Ne concluons pas devant la rareté de la faune que les chasseurs ont fait le vide. La nature n'est pas un parc d'acclimatation où la densité des animaux est telle que le plus maladroit des voyeurs a sa part de spectacle. On s'y promène l'œil aux aguets. Lorsqu'on fait pas à pas une découverte nouvelle, qu'on cherche si tel champignon est comestible, qu'on veut connaître le nom d'un

m'enorgueillis grâce à ma passion des cartes, de n'avoir pas fait deux fois la même balade, depuis 20 ans, et ce, à 50 km à la ronde ! C'est dire que les possibilités sont quasi illimitées. Enfin, et surtout, il y a eu, et il y aura toujours, toutes ces petites et grandes occasions qui, sans militantisme, ni engagement particulier, peu à peu, m'ont fait découvrir et surtout aimer ces paysages, au point de ne plus pouvoir m'en passer aujourd'hui.

Parlons-en de ces paysages : des montagnes cévenoles à la mer en passant par les causses, les garrigues des avant-monts, le vignoble, la plaine littorale, les étangs, **presque tous les aspects de la France sont représentés**. Il y a aussi toutes les variétés de climats, de terrains, tous les types de végétation... Quelle autre région peut prétendre aligner une telle panoplie ? Non, croyez-moi, au « Clapas » on a quand même de la chance d'avoir tout ça à sa porte.

Prêt au départ

L'honnêteté la plus élémentaire commande d'avouer tout de suite un mensonge qui, à défaut d'être véritablement délibéré, est tout de même flagrant. Il se situe dans le titre lui-même : « Les 50 plus belles balades ». Ceci sous-entend que les autres, celles qui ne font pas partie du lot, sont forcément moins belles ! Et non, bien sûr, d'autant qu'il y aura toujours quelqu'un pour me dire : « Vous avez cité tel itinéraire, mais vous avez oublié celui-la ! » ; chaque jugement est sélectif et douloureux, chaque option l'est également. Je me suis limité volontairement à 50 itinéraires en prenant soin de les ventiler, autour de Montpellier, sur un éventail large et contrasté d'environ 50 km de rayon. Pourquoi aller chercher très loin ce qu'on trouve à sa porte. Le but est moins d'avaler les kilomètres que de les déguster pas à pas. Montpellier, place d'échanges, où routes, canal, rail et port sont amenés à converger, est étonnamment bien située dans cette portion du Midi pour servir de point de départ à des randonnées très variées.

Quatre groupes d'itinéraires se partagent la zone et rivalisent de beauté : le premier traverse les garrigues sauvages, un deuxième les Causses des grands espaces, un troisième les

arbre ou d'une fleur, qu'on espère à chaque tournant voir surgir une bête sauvage ou s'envoler un oiseau, c'est que l'on est déjà gagné par la curiosité du naturaliste. Pour en acquérir les qualités, il faudra comprendre les vertus du silence, de la patience, ne pas se signaler par des mouvements trop brusques mais savoir se fondre dans le paysage comme les « invisibles » de la forêt amazonienne, après avoir jeté sa tenue des villes aux orties.

Randonneurs... attention !

La plupart du temps, le randonneur est très bien considéré. Parfois, il prête un peu à sourire avec son air de boy-scout attardé et ses gros mollets d'écolo, mais il est sympathique.

C'est par définition un être convivial, amoureux de la nature ; c'est un sportif qui a le goût de l'effort. En principe, il ne devrait pas avoir de problèmes.

C'est vrai, la randonnée pédestre est quand même l'activité de loisir et de pleine nature de loin la moins polluante et la moins gênante pour autrui. Et pourtant le randonneur est confronté, de temps en temps, à quelques difficultés, à son corps défendant, mais peut-être parfois par sa faute. Et oui, l'attitude de certains, qui se comportent un peu comme en pays conquis, colle une étiquette négative à l'ensemble. En France, il n'y a pas un mètre carré qui n'appartienne à personne et 9 fois sur 10 le droit de passage n'est en réalité qu'une tolérance, ce qui implique évidemment que le bénéficiaire de cette faveur ne fasse pas d'âneries. Les propriétaires, que ce soient des particuliers ou des communes, ne sont pas tous grincheux. Heureusement, la majorité d'entre-

eux sont très hospitaliers.

Quelques-uns, par contre, en ont assez de voir des gens débarquer dans leur cour, comme s'ils étaient chez eux : ils ne referment pas les clôtures derrière eux, laissent leurs papiers gras, ou pire encore font du feu où et quand il ne faut pas (et dans nos régions, il ne le faut jamais !).

Et puis, il y a les chasseurs. Alors, là aussi, il ne faut pas faire d'amalgame hâtif. Cependant, personnellement, je ne peux pas cacher mon drapeau : je ne suis pas partisan de la chasse, mais c'est un autre débat et là n'est pas le propos. Reste cependant que la meilleure saison pour randonner, celle où la nature explose de couleurs, c'est l'automne et que c'est justement durant cette période que la chasse bat son plein. Là est le hic et il est de taille. Ceci dit, j'ai rencontré des chasseurs très sympathiques. Seulement la différence essentielle entre un chasseur et un randonneur, c'est que l'un a un fusil et l'autre... un sac à dos (Remarquez, moi aussi je suis chasseur... mais avec mon appareil-photo). Bon, cela étant, il vaut mieux essayer de rester en bons termes et ne pas aller nous jeter dans une battue pour le plaisir de faire une cible.

En route

Si vous êtes de ceux qui ne se contentent pas de voir défiler le paysage en trompe-l'œil derrière leur pare-brise et si vous m'acceptez pour guide, alors en route ! Vous verrez que la marche « redonne le goût des herbes et des chemins, le besoin de musarder dans l'imprévu, de retrouver ses racines perdues dans le grand message des horizons ».

Le choix des circuits

Les sentiers de grande randonnée (balisage rouge et blanc) ou randonnée de pays (balisage jaune et rouge) offrent des parcours qui présentent souvent l'inconvénient d'être en ligne, ce qui oblige à revenir sur ses pas pour retrouver le point de départ. Je me suis donc efforcé de proposer des itinéraires formant une boucle réalisable dans la journée.

Longueur

La longueur varie d'environ 5 km à plus de 18 km, mais la difficulté est moins affaire de longueur que de dénivelé, sauf pour les longues distances.

Dénivelé

Le dénivelé correspond à la différence entre la plus haute altitude et la plus basse du circuit, quelle que soit la quantité de descentes et de montées successives. Ce n'est pas une indication cumulative.

Durée

Les balades sont découpées en espace-temps n'excédant pas une journée. Les horaires ont une valeur relative ; ils ont cependant été réglé sur une allure assez lente (environ 2,75 km/h) ils ne tiennent pas compte des pauses. On peut toujours les interpréter en fonction de son allure propre.

Difficulté

Les éléments qui expriment la difficulté sont de tous ordres : ce peut être la pente, l'état du chemin, la longueur etc. mais ils sont indépendants en soi de la distance.

Périodes

Le choix d'une balade doit bien sûr être fonction de la saison et des prévisions météorologiques, notamment en ce qui concerne le vent et la température. On tâchera de ne pas organiser des grosses marches dans la garrigue par fortes chaleurs. Dans ce cas on ira plutôt vers l'Aigoual pour se rafraîchir. Inversement, même s'il fait froid et que le vent souffle, certains itinéraires bien abrités sont praticables en bras de chemise.

Equipement

Les chaussures sont à choisir avec circonspection car avoir mal aux pieds gâche la balade. Evitez les tennis, préférez les chaussures mon-

Légendes des cartes

Signification	Grande Randonnée	Grande Randonnée de Pays	Petite Randonnée	Autres sentiers
Continuation du chemin				
Changement de direction				
Mauvaise direction				
	Couleurs de balisage déposées		Couleur non déposée	Couleur libre

Difficulté	**Longueur**	
très facile	jusqu'à 5 km	
facile	de 5 à 10 km	**Faisable en V.T.T.**
assez difficile	de 10 à 15 km	
difficile	plus de 15 km	

Légendes des cartes

P parking
château
église, chapelle
forêt
★ curiosités
▲ sommet
Ω grottes, gouffres
π dolmen
refuge
cascade
point de vue
menhir
source
phare
moulin
pique-nique
aire de pique-nique aménagé
capitelle
ruines
moulin à eau
col
antenne relais TV

---

tantes, à semelles à crampons. Se vêtir en rapport avec la température. N'hésitez pas à enlever une laine si vous avez chaud ou, au contraire, à vous couvrir à la première sensation de fraîcheur.

Randonnée légère

• Pull et coupe-vent de secours. • Chaussures de tennis ou de marche légères (Pataugas) • Gourde d'eau (1/2 litre par personne).

Randonnée classique

• Petit sac à dos. • Pull, coupe-vent et anorak. • Chaussures de marche à tige semi-rigide et semelles à crampons (Vibram). • Gourde d'eau (3/4 litre par personne). • Casse-croute. • Couverture de survie. • Lampe électrique.
— Lunettes de soleil, crème de protection solaire et bob en saison.
— Gants, écharpe et bonnet par temps froid en hiver.

Points d'eau ou pas d'eau

Dans le sac, on prévoira toujours une gourde. Il faut se méfier de l'eau limpide des sources. Les environs de Montpellier sont essentiellement en terrain karstique, donc très perméable, et les eaux d'infiltration peuvent être polluées par le bétail. Il vaut mieux boire peu, mais souvent.

Balisage

Le balisage est donné à titre indicatif. Il peut être excellent, médiocre, modifié, effacé, inexistant ou en cours de réalisation. En cas de doute sur un itinéraire, se reporter à la description et à la carte.

Mises en garde

Si l'on souhaite maintenir une cohabitation correcte entre les propriétaires, les chasseurs et les randonneurs.
— Eviter les battues au sanglier. Périodes de chasse : en règle générale du 15 septembre au 15 février.
— Eviter la divagation des chiens qui effraient les troupeaux ; les tenir en laisse.
— Bien refermer les clôtures.
— Ne pas souiller les points d'eau.
— Ne jamais faire du feu et même éviter de fumer.
— Remporter ses ordures et peut être même celles des autres.

Conseils et recommandations

— Ne pas démarrer trop vite, surtout en montée.
— Boire souvent et peu.
— Marcher régulièrement et respirer au rythme de son pas.
— Eviter de parler en marchant, ça coupe le souffle.
— Ne pas s'arrêter tout le temps, ça coupe les jampes.
— Se dévêtir dès qu'on a chaud.
— Se couvrir dès qu'on s'arrête.

FRONTIGNAN, UNE CITÉ ATTENTIVE A SON ENVIRONNEMENT

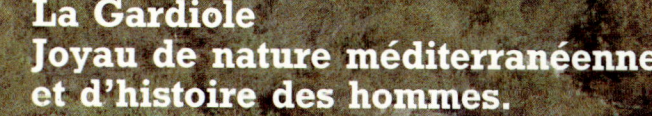

ST-FÉLIX-DE-MONTCEAU   CENTAUREA COLLINA   PANNEAU DES ÉCOLOGISTES DE L'EUZIÈRE

La Gardiole
Joyau de nature méditerranéenne et d'histoire des hommes.

Dans ce grand site protégé de 5 000 hectares, recouvert de garrigues typiques, un **programme d'interprétation** des paysages et de l'environnement a été conçu et équipé pour votre découverte :
— 50 kilomètres de sentiers balisés,
— 4 boucles de découverte de 1 à 2 kilomètres chacune, équipées de 40 panneaux.
Chaque boucle est consacrée à un thème :
— **la pierre** : autour de l'abbaye de Saint-Félix-de-Montceau, un circuit pour découvrir, roches, paysages et leurs usages dans l'histoire.
— **l'arbre** : visiter la garrigue comme on visite une ville, avec ses quartiers, ses habitants, ses problèmes, son organisation ; comment fonctionne la garrigue, les efforts de reboisements,
— **l'histoire** : à partir du panorama de l'Ermitage de Saint-Baudile, évoquer l'histoire du paysage à travers des dates de référence concernant chacun des sites.
— **la garrigue** : milieu d'une étonnante diversité et d'une grande originalité, modelé par 5000 ans d'histoire des hommes.

Ce programme est réalisé par le Syndicat Mixte des Espaces Naturels de la Gardiole et des Etangs (S.Y.M.I.G.E).

Mairie - 34113 Frontignan Cedex
Tél. : 67.48.25.25 (poste 137)

Conception technique : les Ecologistes de l'Euzière-34270 St-Jean-de-Cuculles

LA MONTAGNE DE LA GARDIOLE

circuit sur la gardiole, st-félix-de-montceau

A 20 km au Sud-Ouest de Montpellier, une balade très agréable en garrigue avec vues uniques sur le littoral depuis la pointe de l'Espiguette jusqu'à Sète et, en point d'orgue, l'abbaye St-Félix-de-Montceau.

fiche technique

Longueur : 13 km
Dénivelé : 100 mètres
Durée : 3 h 30
Difficulté : néant
Période : demi-saison hiver
Equipement : randonnée légère
Point d'eau : néant
Balisage : bleu

Carte Michelin N° : 83 pli 16
Carte IGN 1/25 000 N° : 2744 Ouest

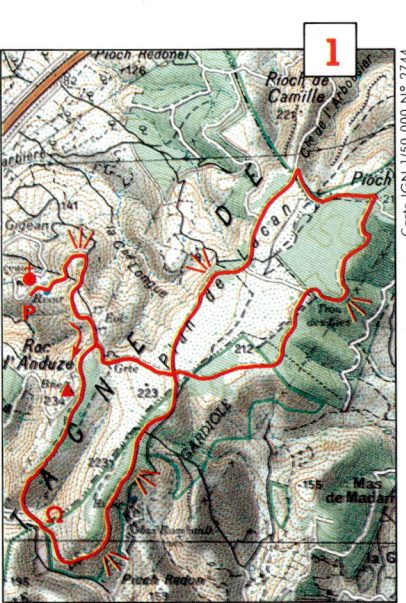

itinéraire d'accès

Prendre la direction de Béziers par la N-113 jusqu'à Gigean. Au feu, après la cave coopérative, tourner à gauche sur la petite route qui, après être passée sous l'autoroute, monte en lacets vers l'abbaye St-Félix-de-Montceau visible sur la colline. Garer le véhicule au parking de l'abbaye.

Remarque : il existe un petit itinéraire balisé sur le thème de la pierre au départ de St-Félix-de-Montceau.

description

De l'abbaye bénédictine du XIIe siècle, St-Félix-de-Montceau, en cours de restauration par des bénévoles, la vue porte sur la plaine viticole et les villages de la Marquerose, depuis les garrigues nord-montpelliéraines jusqu'aux parcs à huîtres du bassin de Thau. Après la visite, on commence notre balade en prenant la piste qui se poursuit après le parking. Passé un petit talweg, elle s'élève à flanc de colline, puis après un virage serré à droite, elle atteint le carrefour du Badaud, sur le plateau, au voisinage de deux antennes alimentées par des éoliennes. On prend la piste de droite et, environ 500 mètres plus loin, on laisse sur la droite une autre antenne dressée sur le Roc d'Anduze. 50 mètres après, prendre à gauche, signalé par un

cairn, un chemin de terre prolongé un peu plus loin par un sentier filant horizontalement vers l'Ouest. On remarquera sur la droite au milieu d'une terre en friche, les vestiges d'un puits et, au fond, une curieuse capitelle bâtie dans un mur de pierres sèches. Peu après le sentier dégringole au fond d'une combe profonde pour rejoindre une piste carrossable au niveau d'un petit col. A cet endroit, on remarquera le porche d'une petite grotte s'ouvrant dans un escarpement rocheux. Prenant la piste à gauche, on remonte sur le plan de Lacan par le versant Sud de la Gardiole. (Belle vue à droite sur Frontignan et le littoral). On arrive à un croisement avec, à droite, les restes d'un ancien forage de pétrole. Prenant la piste de droite qui serpente dans la garrigue, on laisse sur notre gauche un vaste terre-plein utilisé comme piste d'atterrissage de secours, puis on longe la bordure Sud-Est du plateau jusqu'au carrefour du Pioch Noir. De là, le regard embrasse un vaste panorama : la baie d'Aigues-Mortes et tout le littoral depuis la pointe de l'Espiguette jusqu'à la montagne de Sète, en passant par la Grande-Motte, Carnon, Palavas, Villeneuve-les-Maguelonne, Mireval, Vic-la-Gardiole, les Aresquiers et Frontignan. Au carrefour en triangle, on tourne deux fois à gauche, puis laissant une piste desservant un mas à gauche, on continue notre chemin jusqu'à la piste principale qui monte par la combe de l'Arbousier. (On la prend en épingle à cheveux, à gauche). Passant par l'extrémité Nord de la piste d'aviation, elle rejoint vers l'Ouest le carrefour du puits de pétrole. De ce point, prenant cette fois la piste de droite, on rejoint au carrefour du Badaud, la piste qui redescend vers St-Félix-de-Montceau.

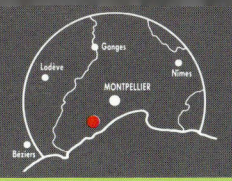

Au début du XIIe siècle l'Evêque de Béziers fonda sur le site un prieuré de religieuses bénédictines. En 1167 la communauté de St-Félix-de-Montceau fut rattachée à l'ordre cistercien. Cette réforme, qui eût pu ramener la vie monastique à la stricte observance de la règle de Saint-Benoît, fut sans effet sur le relâchement de la discipline. Au XIVe siècle, l'Evêque de Maguelone s'en émut et dut rappeler les fautives à l'ordre : « Nous défendons aux religieuses d'assister aux veillées des militaires, aux noces ou à quelque autre solennité publique ».

Les Aresquiers et le vignoble de Frontignan.

LE CASTELLAS D'AUMELAS
circuit château fort et causse d'aumelas

A 25 km à l'Ouest de Montpellier, des ruines majestueuses
en bordure Nord du causse d'Aumelas
dominent à la fois la plaine de Gignac
et les garrigues nord-montpelliéraines.

fiche technique

Longueur : 8 km
Dénivelé : 50 mètres
Durée : 3 heures
Difficulté : néant
Période : demi-saison, hiver
Equipement : randonnée légère
Point d'eau : néant
Balisage : jaune

Carte Michelin N° : 83 pli 06
Carte IGN 1/25 000 N° : 2743 Ouest

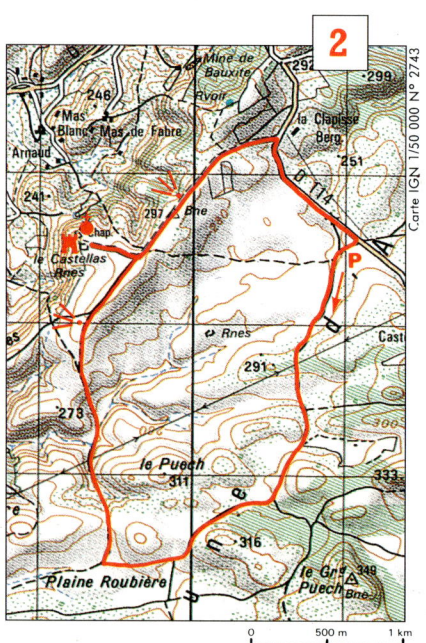

itinéraire d'accès

Prendre la direction de Lodève par la
N-109, passer St-Paul-et-Valmalle et, 7 km
avant d'arriver à Gignac, juste avant la descente de La Taillade, tourner à gauche vers
Cournonterral par la D-114. Poursuivre sur
4,5 km environ pour arriver sur le causse
à la bergerie de la Clapisse. Laisser cette
dernière à gauche, et garer la voiture 1 km
plus loin, sur la droite, au départ d'une piste,
à hauteur d'un petit arbre isolé et d'un câble
barrant une autre prise sur la gauche.

description

On commence la balade en empruntant
pendant 2,5 km la piste de droite qui
s'avance vers le Sud en pleine garrigue. Elle
passe d'abord sous des lignes à haute tension puis, laissant sur la gauche un chemin
qui monte, elle s'incurve à droite, vers
l'Ouest, pour faire la jonction avec une piste
moins marquée sur la droite. Après 500
mètres, cette dernière s'interrompt ; il faut
alors repérer sur la droite un sentier peu visible qui atteint un petit col entre deux collines. On descend ensuite de l'autre côté dans
un petit ravin, puis on remonte sur la croupe
de Mala Coste pour rejoindre la piste de la
crête de Rouveyrolles. A partir de là, on
aperçoit en face les ruines imposantes du
castellas d'Aumelas dans une vaste solitude.
Derrière nous, la vue s'étend vers le Sud-

Ouest jusqu'aux Pyrénées. 450 mètres plus
loin, on trouvera sur notre gauche l'embranchement qui conduit au château. Encore
fier, il se dresse sur le Mont-du-Chameau,
un des mamelons de la Moure, surveillant
la moyenne vallée de l'Hérault. En déambulant prudemment dans les ruines instables
du donjon (XIIe), de la chapelle et des vestiges des anciens remparts, on se représen-
tera un peu ce que fut ce superbe édifice
que des têtes couronnées se disputèrent.
Pour revenir, on prend, en sens inverse, sur
300 mètres, le même chemin qu'à l'aller,
puis on revient vers la bergerie de la Clapisse en suivant la piste de gauche. De là,
on rejoint la voiture en prenant, à droite,
la route de Cournonterral.

Clocher de la chapelle du château d'Aumelas
et les garrigues nord-montpelliéraines.

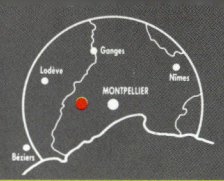

L'initiative de la construction du château d'Aumelas reviendrait à Guilhem V. En 1204, la fille de Guilhem VIII, Marie de Montpellier, épouse Pierre II d'Aragon ; elle apporte Aumelas en dot. En 1349, le château revient à la couronne de France. Son histoire se trouve ensuite liée à celle des familles régnantes d'Angleterre et de Hollande. Refuge des protestants au XVIIᵉ siècle, il est démantelé par Richelieu. En 1879, monseigneur de Cabrières, enthousiasmé par les reconstitutions de Viollet-le-Duc, projeta de restaurer Aumelas et entreprit des démarches auprès de la reine Victoria. La mort du prince impérial mit fin aux négociations. On n'enterra pas pour autant le projet de sauvegarde du site. En 1969, des bénévoles se constituèrent en association pour le préserver des injures du temps et des hommes.

LE CIRQUE DE MOUREZE

circuit du mont liausson

A 50 km à l'Ouest de Montpellier, un cheminement dans un décor fantastique de rochers ruiniformes conduit au sommet de la montagne de Liausson, magnifique belvédère sur le lac du Salagou.

fiche technique

Longueur : 7 km
Dénivelé : 325 mètres
Durée : 3 h 30
Difficulté : sentiers caillouteux
Période : hiver demi-saison
Equipement : randonnée classique
Point d'eau : aucun sur le parcours
Balisage : bleu, bleu et rouge

itinéraire d'accès

Prendre la N-109 en direction de Lodève. A St-André-de-Sangonis, tourner à gauche vers Clermont-l'Hérault. Traverser la ville et prendre la D-108 qui conduit à Bédarieux. 2 km après l'ancienne manufacture royale de Villeneuvette, tourner à droite vers Mourèze. Garer le véhicule au parking du village.

description

On commence par traverser le village e[t] montant par les ruelles et en suivant le flé[chage] chage du cirque. A la sortie on trouve u[n]

Carte Michelin N° : 83 pli 5
Carte IGN 1/25 000 N° : 2643 Ouest

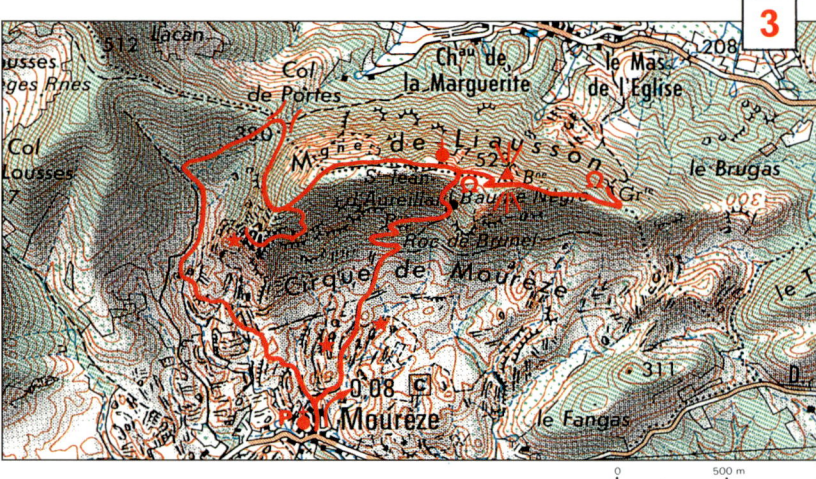

Le lac du Salagou et le village de Liausson vus du sommet.

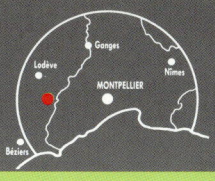

panneau explicatif à partir duquel divergent plusieurs sentiers. On prend le plus évident qui se dirige vers le cirque, direction plein Nord. Au début balisé en bleu il traverse le fantastique chaos de rochers ruiniformes puis, arrivé au pied même de la montagne, il s'infléchit à droite et atteint un premier carrefour. On prend le sentier à gauche fléché : « sentier des corniches, Baume Nègre 15 mn, Mont Liausson 50 mn etc. » Maintenant balisé de bleu et rouge, il s'élève rapidement en lacets dans un épais maquis. On arrive à un embranchement qui conduit à la grotte de Baume Nègre. Continuant sur le sentier, on débouche bientôt sur la crête d'où l'on découvre une vue admirable sur le lac du Salagou au milieu des ruffes rouges et, à nos pieds, le petit village de Liausson. Il faut monter légèrement à droite pour avoir un panorama circulaire sur le Larzac et les Cévennes au Nord, sur la plaine de Gignac à l'Est, sur la plaine de l'Hérault jusqu'à la mer au Sud, avec au premier plan Mourèze et le Pic de Vissou et enfin l'Espinouse et le Caroux à l'Ouest. On peut poursuivre sur quelques centaines de mètres le chemin de Liausson qui conduit en 15 mn à la grotte du même nom. De retour au sommet on suit la ligne de crête vers l'Ouest, on passe à côté des ruines du prieuré de St-Jean-d'Aureillan, et on atteint l'autre sommet de la Montagne de Liausson (526 m). Commence alors la descente vers le col de Portes. Avant d'y arriver, un itinéraire en cul-de-sac conduit à trois curiosités creusées dans la roche dolomitique : la galerie de Mielblanc, les Orgues, et le portique. Au col de Portes, on prend, à gauche, le chemin qui descend dans le vallon et nous ramène à Mourèze en suivant un balisage bleu.

Un bel exemple de rocher ruiniforme et le village de Mourèze.

LE CHATEAU DE MALAVIEILLE

tour de la boutine, château de malavieille, la lieude

A 60 km à l'Ouest de Montpellier, non loin du lac du Salagou, un petit circuit dans un paysage évoquant l'Arizona, avec en prime, un château fort et des empreintes de dinosaures.

fiche technique

Longueur : 10,5 km
Dénivelé : 260 mètres
Durée : 3 h 30
Difficulté : néant
Période : demi-saison, hiver
Equipement : randonnée légère
Point d'eau : néant
Balisage : vert
Remarque : faisable en VTT (sauf château)

Carte Michelin N° : 83 pli 05
Carte IGN 1/25 000 N° : 2643 Ouest

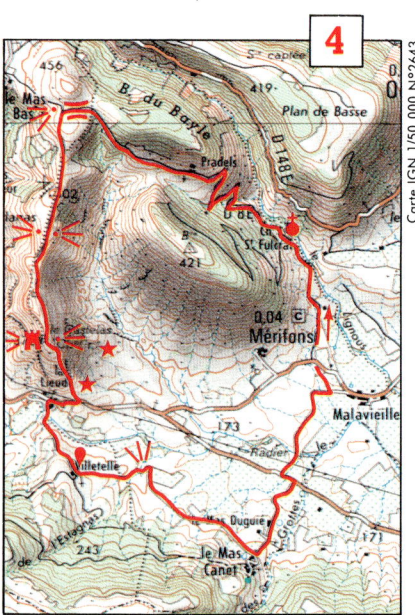

itinéraire d'accès

Prendre la N-109 en direction de Lodève et dépasser Gignac. Dans Saint-André-de-Sangonis, bifurquer à gauche vers Clermont-l'Hérault, puis de là, continuer par la D-908 vers Bédarieux sur 11,5 km. Tourner alors à droite vers Salasc par la D-148 et continuer en direction d'Octon par la D-148e. 2 km avant d'arriver à Octon, tourner à gauche vers Malavieille. Passer le village et garer la voiture 500 mètres après, au départ d'une piste à droite.

description

La balade démarre sur la large piste qui se dirige vers le Nord avant d'obliquer à gauche, à hauteur d'une baraque, pour s'engager au fond d'un petit vallon. Cheminant dans un paysage de ruffes, ces argiles gréseuses rouges, on passe auprès de la petite chapelle Saint-Fulcran (XVe siècle) dédiée au saint patron et évêque de Lodève. Peu après, dans un virage à gauche, on quitte la piste et on continue tout droit sur un ancien chemin qui poursuit sa montée au fond du talweg. Il effectue quelques lacets avant d'arriver au hameau de Pradels. On poursuit au-delà sur une petite route cimentée qui prolonge l'ascension à flanc de montagne. Elle offre une belle vue à gauche sur le ravin de Rieupeyre et la silhouette du castellas de Malavieille dans le lointain. On atteint un large col d'où l'on découvre brusquement un panorama qui s'étend des avant-monts à l'Espinouse et le flanc sud de l'Escandorgue, avec, en premier plan, le petit village du Mas-Bas. Juste au début de la descente, dans le premier virage à droite, il faut tourner à gauche sur un chemin qui rejoint la ligne de crête. Il se dirige en ligne droite vers le château avec de beaux dégagements de part et d'autre sur la haute vallée du Salagou et sur les ruffes ravinées du ravin de Rieupeyre. Le chemin arrive à une grange auprès d'une terre cultivée. En longeant le champ sur la gauche on retrouve le chemin qui vient buter au pied même du piton volcanique, sur lequel se dressent les

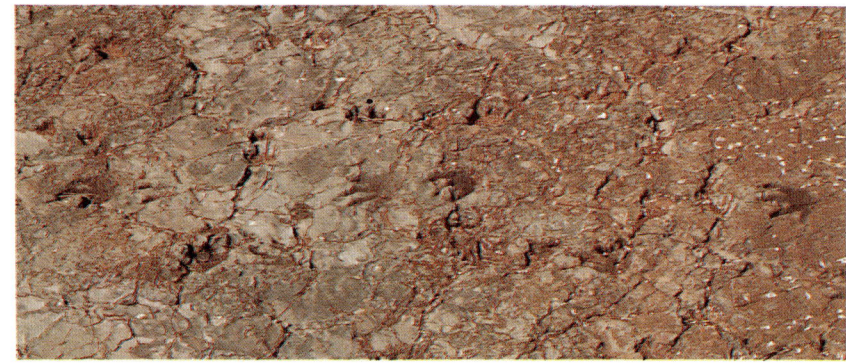

Empreintes de dinosaures à la Lieude.

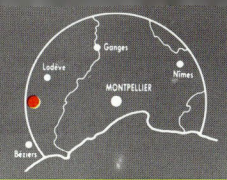

ruines imposantes du château. On l'atteint par une sente grimpant dans les genêts par l'Est. Le « Castellas » de Malavieille (XIIᵉ et XIIIᵉ siècle) a été édifié sur un « neck » de basalte ; de cet important édifice il ne reste qu'un pan du donjon et une partie du mur d'enceinte dans lequel s'ouvre une porte en plein cintre. De la plate-forme supérieure on bénéficie, bien entendu, d'une belle vue circulaire sur les environs. On aborde la descente par un raidillon au milieu des murs écroulés, puis sur un sentier longeant le ravin à gauche. On arrive directement à l'abri protégeant l'étonnant site paléontologique de la Lieude. Cette dalle inclinée, unique en Europe, comporte les empreintes fossilisées dans la boue de plusieurs reptiles vivant à l'ère primaire. Une quinzaine de pistes d'animaux de toutes tailles (ancêtres des dinosaures) a été recensée dans ce qui devait être un point d'eau, à l'époque permienne, il y a plus de 250 millions d'années. (Visite commentée, renseignements à La Lieude). On rejoint ensuite la Lieude en prenant la route à droite et, juste après la dernière maison, on descend à gauche en passant entre des cyprès pour retomber en-dessous sur la piste qui traverse le Salagou. Le dernier tronçon s'effectue sur un chemin carrossable, d'abord en terre, puis goudronné. On laisse une première piste à droite, avant d'arriver à la ferme de Villetelle ; puis, se faufilant au milieu des vignes et des champs, on arrive au Mas Canet. De là, en passant à proximité du Mas Duguié, on rejoint à gauche la route de Salasc. On la prend à gauche sur 200 mètres environ. On suit alors la petite route à droite (près d'un transformateur) qui ramène vers Malavieille, en franchissant le Salagou sur un pont submersible.

Au loin, le château de Malavieille et les ruffes du Lac de Salagou.

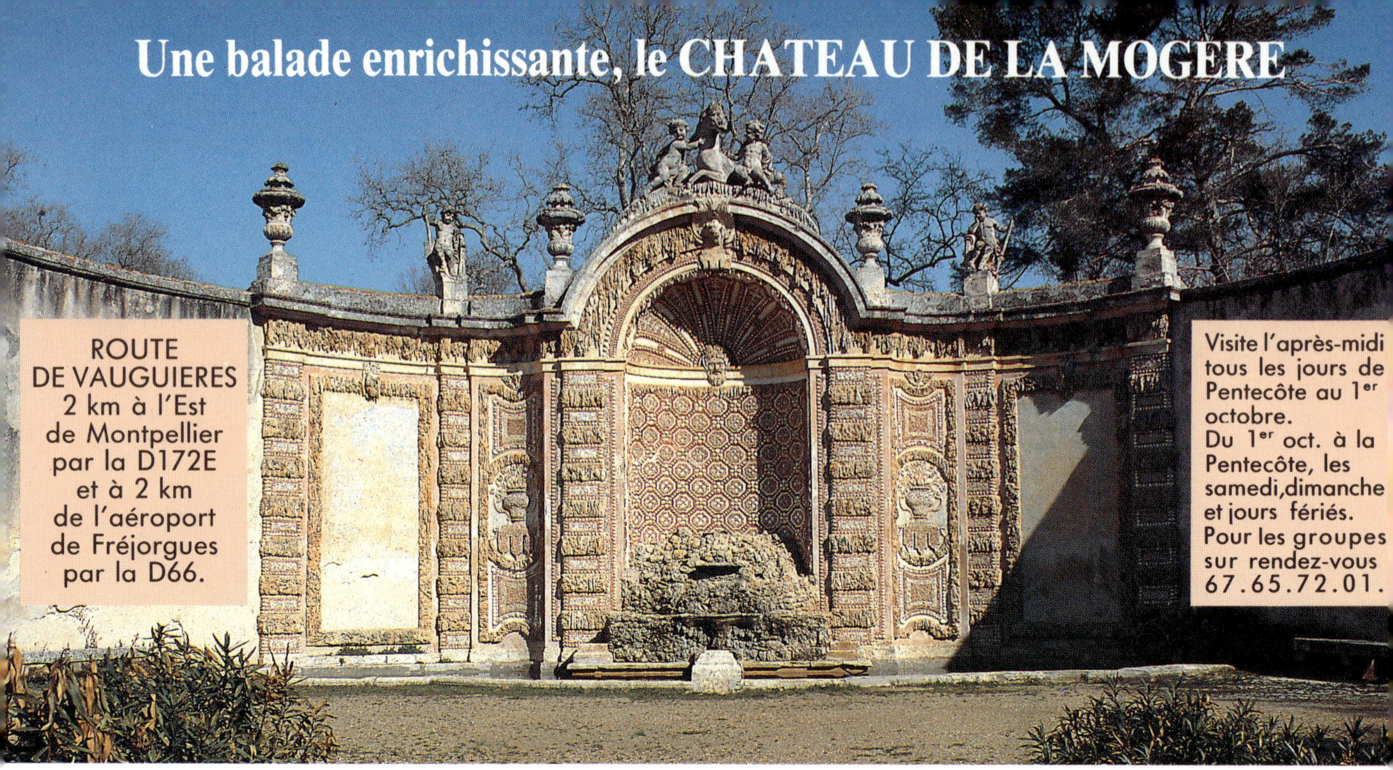

Une balade enrichissante, le CHATEAU DE LA MOGÈRE

L'HABITAT RURAL

La maison des garrigues et la ferme caussenarde s'étagent sur plusieurs niveaux ; le plus bas est réservé à la gent ovine et le dernier abrite le grenier dans le comble. Outre la place que cette disposition permet de gagner, elle offre l'avantage d'une bonne régulation thermique. Parfois ce n'est pas une bergerie mais une étable qui s'ouvre sous le perron de la maison d'habitation et, au fur et à mesure que la vigne gagne du terrain les animaux cèdent la place aux fûts et aux bouteilles.

La salle commune s'ouvre au premier sur une terrasse couverte d'un auvent, à laquelle donne accès un perron. Maison dans la maison, elle servait tour à tour de cuisine, de réfectoire et de chambre à coucher des parents. Occupant toute la largeur du mur pignon, l'âtre est composé d'un grand réduit où l'on pouvait se réunir nombreux à la veillée ; on y trouvait le four à pain et le dépôt de cendres pour la lessive. Faisant saillie dans le mur de façade, c'est la souillarde où l'on lave la vaisselle. C'est ici que se trouve le puits, ou plus récemment la pompe à bras qui monte l'eau de la citerne.

Autour de la salle commune d'autres pièces sont parfois distribuées. On accède au grenier par une échelle meunière ou un simple escalier en bois. On y conserve la laine de la tonte ; il sert parfois de fenil et de dortoir. La crainte des incendies d'une part et la rareté du bois d'autre part ont conduit à l'abandon de la charpente en bois pour la voûte de pierre capable de supporter les lourdes toitures des fermes caussenardes ; car c'est l'originalité de l'habitat du Causse que cette façon simple et ingénieuse de s'adapter à l'environnement, de concevoir le bâti en fonction du matériau à disposition.

Ferme cévenole.

Tandis que l'ostal est le domaine réservé de la femme, l'homme, lui, ne saurait « traîner » dans la cuisine. L'été il fait la sieste dans la grange (lo palhier), l'hiver il travaille dans l'écurie, l'étable ou la grange à réparer des outils.

On a vu comme l'habitat caussenard pouvait être une expression régionale d'une architecture à l'écoute de la vie quotidienne, des travaux et des jours, tâtonnante mais, en fin de compte bien pensée et voulue par ses hôtes.

Bergerie.

LA SERRE DE MELANQUE
grandmont, forêt de partlage

A 60 km à l'Ouest de Montpellier, au départ du célèbre prieuré de Grandmont, un remarquable itinéraire franchissant la crête qui protège le site, pour découvrir une splendide forêt domaniale.

fiche technique

Longueur : 20 km
Dénivelé : 275 mètres
Durée : 7 h 30
Difficulté : longueur
Période : toutes saisons
Equipement : randonnée classique
Point d'eau : néant
Balisage : rouge et blanc (GR) jaune

Carte Michelin N° : 83 pli 5
Carte IGN 1/25 000 N° : 2642-2643 Ouest

itinéraire d'accès

Aller jusqu'à Lodève par la N-109. Tourner ensuite à droite sur la D-153 en direction de St-Privat ; faire 8 km et tourner à droite vers le prieuré de Grandmont. Garer la voiture sur le parking visiteurs.

description

Le splendide prieuré, le parc aux cervidés et les deux dolmens justifient à eux seuls un après-midi de visite. Si l'on désire faire la balade le même jour, il faudra s'y prendre assez tôt. Du parking, revenir à la route et la traverser en continuant sur la large piste qui remonte en face. Suivant le balisage, on laisse une première piste à droite, avec un premier panneau d'interdiction bleu, puis on arrive à un embranchement à hauteur d'une bergerie. Laissant la piste de droite, il faut prendre à gauche d'un deuxième panneau celle qui monte tout droit vers un gros chêne. 250 mètres plus loin, bifurquer à droite et suivre sur environ 1 km un agréable parcours en palier. Arrivé en haut d'une côte, on abandonne alors la piste pour s'engager, à gauche, sur un sentier grimpant allègrement à travers bois et broussailles pour rejoindre le dessus de la falaise. De là-haut, on découvre un remarquable panorama qui s'étend vers le Sud jusqu'à la mer. Longeant un instant la falaise, on s'en écarte un peu pour atteindre par une zone déboisée la petite borne qui marque le sommet du Serre de Mélanque. Continuer alors jusqu'au col du Serre de Mélanque et prendre à gauche la piste qui, après avoir effectué deux larges boucles, redescend à flanc de montagne, sur le versant nord, dans une splendide forêt de pins. Ayant rattrapé une autre piste forestière qu'emprunte le nouveau tracé du GR-7, on remonte alors un vallon sauvage dominant la vallée de la Brèze pour rejoindre le dessus du plateau. Peu après, on repérera, sur la gauche entre les arbres, un vague chemin conduisant à une très belle petite bergerie nichée dans la verdure. Remarquer la citerne et la petite lavogne alimentées par l'eau pluviale collectée sur la toiture. De ce point démarrent deux sentiers permettant de raccourcir la balade ; celui de gauche rejoint directement

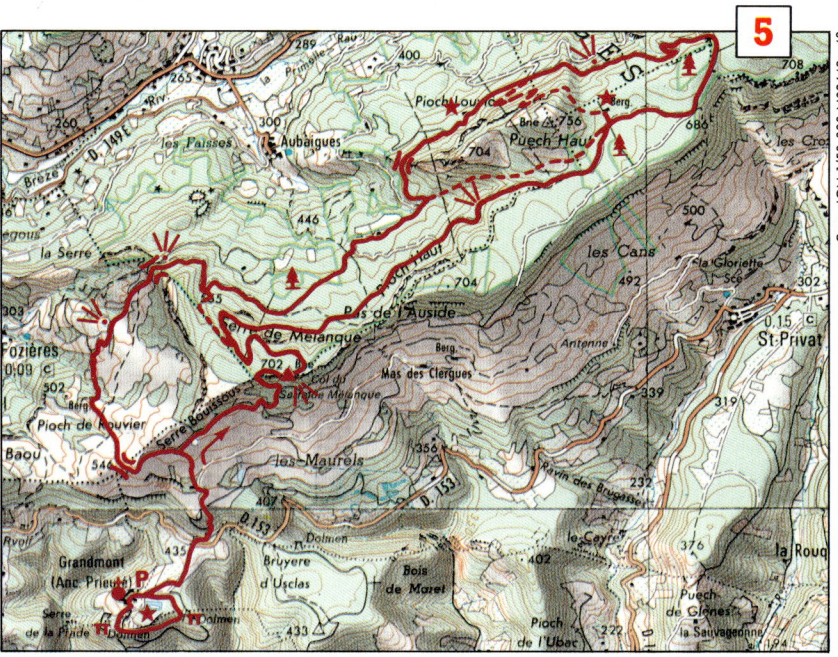

Carte IGN 1/50 000 N°2642 - 43

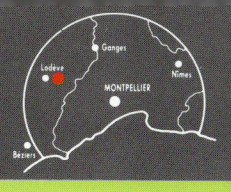

l'aire du Gros Pin, et, tout droit derrière la bergerie, le deuxième descend dans la forêt pour retomber sur la piste qu'emprunte l'itinéraire principal. Mais revenons à ce dernier juste avant d'arriver à la bergerie. On continue la piste vers l'Est pour s'engager 500 mètres plus loin à gauche sur un large coupe-feu. Moins de 400 mètres après on abandonne le GR et on tourne encore à gauche sur une autre piste qui redescend à travers bois. On poursuit sur cette dernière avec de belles échappées sur les rochers du ravin de Roqueboude. Arrivé à l'épingle à cheveux à droite, d'où déboule par la gauche le deuxième raccourci de la bergerie, continuer tout droit en direction du mas Caisso. Passé le chaos que domine l'impressionnant rocher du Pioch Louvio et arrivé à hauteur d'un bloc à droite, il faut abandonner la piste et poursuivre, à gauche, par le sentier qui, peu après, remonte et franchit la crête. Il dégringole de l'autre côté sur l'aire du Gros Pin. De là, ayant retrouvé et pris à gauche la piste principale, on laisse un peu plus loin sur la gauche, une autre piste et on remonte doucement vers le col de Mélanque en suivant à nouveau le GR. On découvre alors une belle vue vers le Nord sur St-Etienne-de-Gourgas, le cirque du Bout du Monde, et le causse du Larzac. Laissant la piste de Camp Redon à droite, on passe la ligne de crête pour descendre sur l'autre versant. Après quelques virages, on rejoint la piste qui monte de Fozières pour aller à la bergerie du Pioch de Rouvier. Peu après, on abandonne le GR-7 qui continue vers l'Est en direction de Lodève. Contournant le Serre Bouissous, on boucle notre circuit en rejoignant la bergerie de la Treille.

Cloître du Prieuré de Grandmont et le dolmen dans le parc à proximité.

Le prieuré de St-Michel de Grandmont

Le Prieuré, le seul exemple intégralement conservé d'architecture grandmontaine, connut son apogée au XIIe et XIIIe siècles. La vie monastique de ces lieux poussait loin l'idéal de pauvreté et d'isolement du monde. Les disciples d'Etienne Muret, fondateur de l'ordre grandmontain, construisirent les bâtiments les plus dépouillés de l'époque romane mais non les moins beaux.

LE ROCHER DES VIERGES

circuit st-jean-de-la-blaquière, bois des félibres

A 45 km à l'Ouest de Montpellier, l'ascension d'un piton rocheux surmonté d'un ermitage, poste avancé du Larzac et dominant toute la plaine viticole d'Aniane à Lodève.

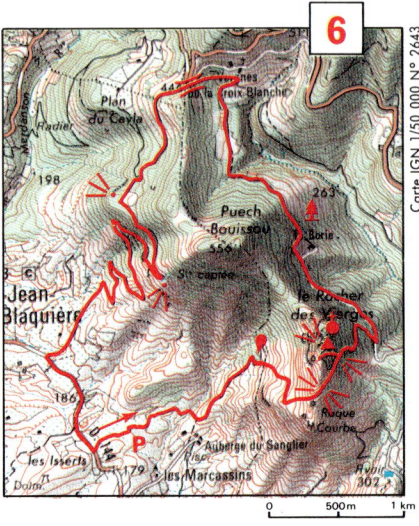

Carte IGN 1/50 000 N° 2643

fiche technique

Longueur : 12 km
Dénivelé : 350 mètres
Durée : 4 h 30
Difficulté : néant
Période : demi-saison, hiver
Equipement : randonnée légère
Point d'eau : néant
Balisage : jaune

Carte Michelin N° : 83 pli 05
Carte IGN 1/25 000 N° : 2643 Est

itinéraire d'accès

Prendre la N-109 en direction de Lodève. 1 km après St-Félix-de-Lodez, juste après le carrefour avec la N-9 venant de Clermont-l'Hérault, tourner à droite sur la D-144 et faire environ 5 km en direction de St-Jean-de-la-Blaquière. 500 mètres après l'embranchement de l'Auberge du Sanglier, prendre à droite sur 250 mètres le chemin de terre carrossable. Garer la voiture sur une plate-forme à droite.

Du sommet, vues sur l'ensemble des vignobles.

description

Continuer sur le chemin entre les vignes en suivant les balises jaune paille. On descend dans un talweg et remontant de l'autre côté, on rejoint une piste qui descend vers l'auberge du Sanglier. On contourne un réservoir et on monte sur la gauche en direction du rocher des Vierges par un large chemin, d'abord dans la ruffe, puis dans la garrigue plantée de chênes verts. Après un virage en épingle à cheveux, au niveau d'une source captée, la pente s'accentue pour prendre une allure de raidillon. Suit un passage en palier avant une dernière rampe rejoignant sur la crête la piste de St-Saturnin. De là haut, on découvre une superbe vue sur la plaine de Gignac depuis Arboras à gauche jusqu'à St-Guiraud à droite. Belle vue également sur le bastion dolomitique que constitue le rocher des Vierges. Continuant sur cette piste, on contourne peu à peu la montagne et juste avant d'arriver au

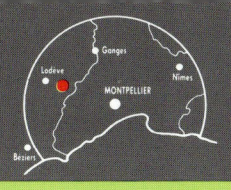

mémorial des félibres, laissant provisoirement à droite la suite de la balade, on atteint un terre-plein. De là, on continue à grimper vers le sommet par un sentier aménagé d'un escalier. Il débouche sur l'ermitage et la petite chapelle St-Fulcran. D'en haut, on a bien évidemment un remarquable point de vue sur le Larzac, le Pic Baudille et la Seranne au nord ; Arboras, Montpeyrou et les Monts de St-Guilhem à l'est ; toute la basse vallée de l'Hérault jusqu'à la mer avec le vignoble de St-Saturnin et tous les villages entourant Gignac au sud ; et enfin le Salagou, Mourèze et les environs de Lodève jusqu'au Caroux à l'ouest. Revenu sur la piste au carrefour du mémorial, on continue à descendre à travers le bois des Félibres en suivant le balisage jusqu'au début de la petite route goudronnée de St-Saturnin. A cet endroit il faut prendre la piste de gauche, en sens inverse ; serpentant dans les bois en-dessous du rocher des Vierges, elle conduit à la ferme de Vergne ou de la Croix Blanche par la Borie et les pâtures des Frigoules. Au-dessous de la ferme de Vergne, on prendra à gauche le chemin qui rejoint un virage en épingle à cheveux de la D-153ᵉ au petit col qui domine le hameau de la Rouquette. De ce point, laissant tous les chemins à gauche, il faut emprunter en face une route forestière empierrée à travers le bois de Latude. Ayant rejoint et pris à gauche une autre piste, on passe un promontoire contournant le Puech Bouissou, avant de descendre en larges lacets sur St-Jean-de-la-Blaquière. Prenant la D-144 à gauche on boucle le circuit en bifurquant encore à gauche, environ 1 km plus loin, sur le chemin qui revient à la voiture.

Chapelle au sommet du rocher.

A 70 km au Nord-Ouest de Montpellier, un super itinéraire pour grimper sur le causse du Larzac, passant, en balcon à mi-falaise, et offrant des vues uniques sur le cirque du Bout du Monde.

fiche technique

Longueur : 12 km
Dénivelé : 390 mètres
Durée : 4 h 30
Difficulté : passages aériens
Période : demi-saison, hiver
Equipement : randonnée classique
Point d'eau : sources douteuses
Balisage : bleu et jaune, bleu

itinéraire d'accès

De Lodève, prendre la N-9 en direction de Millau sur 4,5 km, puis prendre à droite la D-25 en direction de Ganges. Faire encore 4 km, puis tourner à gauche, juste avant d'arriver à St-Etienne-de-Gourgas, vers le petit hameau de Gourgas niché au fond du cirque du Bout du Monde. Laisser la voiture sur la place près de la fontaine.

Carte Michelin N° : 83 pli 05
Carte IGN 1/25 000 N° : 2742 Ouest

description

On commence la balade en prenant la petite route qui part, à droite, à travers champs. Après avoir traversé le ruisseau du Rieusse, elle le remonte un moment avant de revenir sur la droite en direction de St-Etienne-de-Gourgas. 500 mètres environ avant le village, repérer tout à fait à gauche, un chemin remontant, balisé en jaune et bleu. Il permet de rejoindre un virage de la route forestière qui passe au-dessus. On la prend à droite et on la suit pendant 300 mètres avant de tourner, à gauche, sur le chemin de la Roque. Tracé au début au bulldozer, il devient un sympathique sentier balisé qui monte en lacets sur le plateau. Ayant pris à droite, après un gros cairn, on débouche dans une vaste clairière où l'on reprend la piste carrossable. Laissant un chemin secondaire à droite, on rejoint la Roque en longeant le bord du causse. De ce hameau, on prend à gauche la voie qui, passant devant une belle ferme caussenarde, se poursuit vers l'Ouest en bordure de falaise. Elle se dédouble un moment puis traverse une grande prairie avant de revenir vers le bord du plateau.

De là, en suivant un tuyau noir alimentant un abreuvoir à moutons, on va trouver, légèrement au-dessus, le départ d'un très bel itinéraire qui suit une strate à mi-falaise. On découvre un abri-sous-roche squatté par une harde de chèvres, puis deux cascatelles jaillissant d'un coussin de tuf moussu. On rejoint enfin le plateau, au niveau d'une paroi-école d'escalade, par une faille équipée d'une main-courante en câble. On poursuit ensuite vers l'Ouest en passant par une base d'envol de delta-plane puis, rejoignant sur la droite le chemin au-dessus des falaises, on recoupe une piste forestière descendant à gauche sur une croupe boisée. Au panneau « interdit à tout véhicule », prendre le chemin de gauche. Cette ancienne voie romaine appelée « chemin de la Camargue » descend sur Soubes. Après environ 1 km, on laisse sur la gauche un premier sentier balisé en jaune puis, peu après, on en prend un deuxième balisé d'un triangle bleu, descendant doucement dans la forêt.

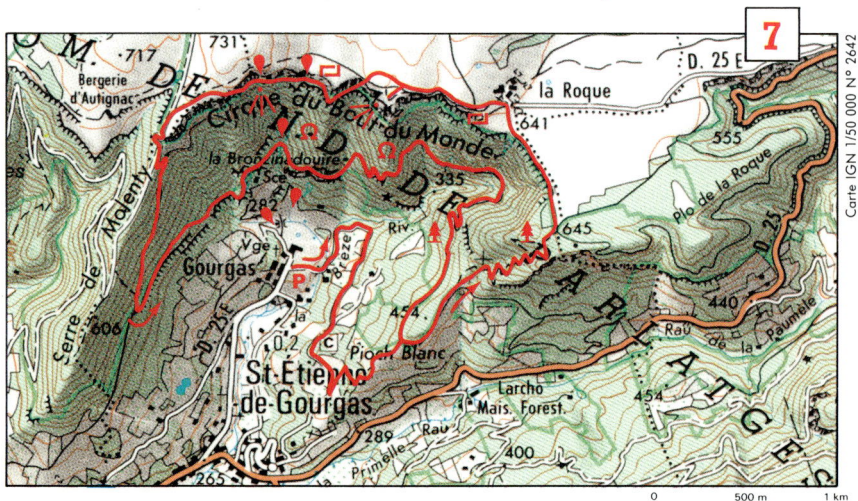

Carte IGN 1/50 000 N° 2642

HERAULT
Lodévois

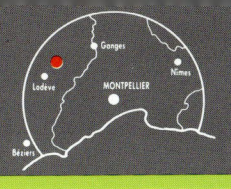

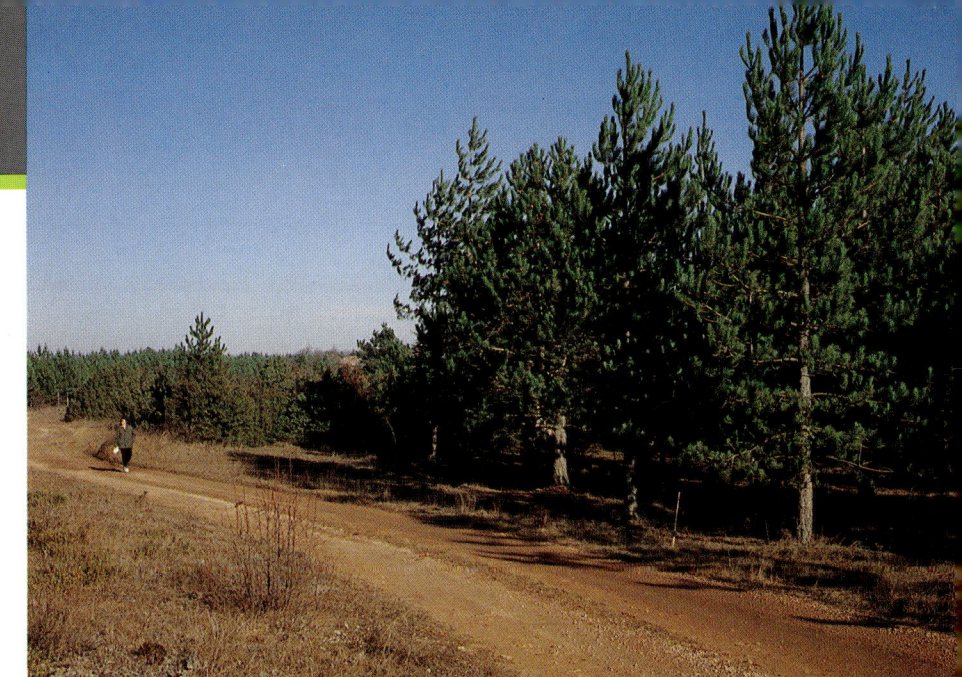

Juste avant un petit ruisseau, il fait un double crochet avant de se stabiliser horizontalement. Il continue en corniche basse faisant le tour complet du site avec de belles vues sur le fond du cirque de Gourgas. De l'autre côté, il remonte en quelques lacets et rejoint la route forestière par laquelle nous avons commencé la balade. Une fois au grand virage à gauche au-dessus de St-Etienne-de-Gourgas, la boucle étant bouclée, on redescend vers la voiture par le même chemin qu'à l'aller.

Piste forestière sur le causse et les falaises du Bout du Monde.

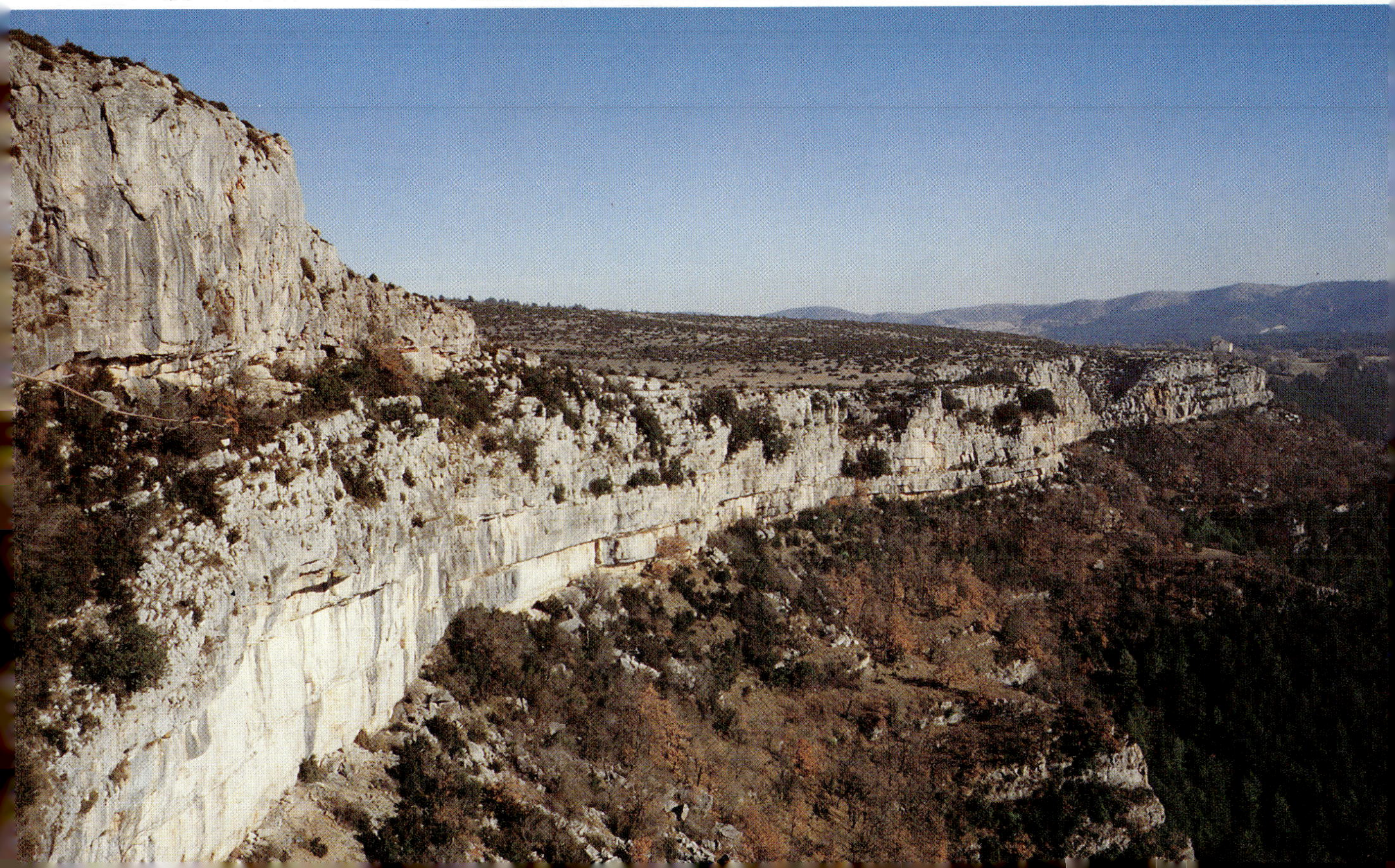

LA CHAPELLE ST-VINCENT ET MAS DE ROUQUET

circuit larzac par camp-rouch, st-vincent, mas-de-rouquet

A 75 km au Nord-Ouest de Montpellier, un circuit typiquement caussenard au-dessus de la reculée de l'Escalette, passant par une belle chapelle romane et offrant des points de vues superbes sur le Larzac.

fiche technique

Longueur : 9,5 km
Dénivelé : 240 mètres
Durée : 3 h 30
Difficulté : néant
Période : toutes saisons
Equipement : randonnée classique
Point d'eau : néant
Balisage : rouge, rouge et blanc

Carte Michelin N° : 83 pli 5
Carte IGN 1/25 000 N° : 2642 Ouest

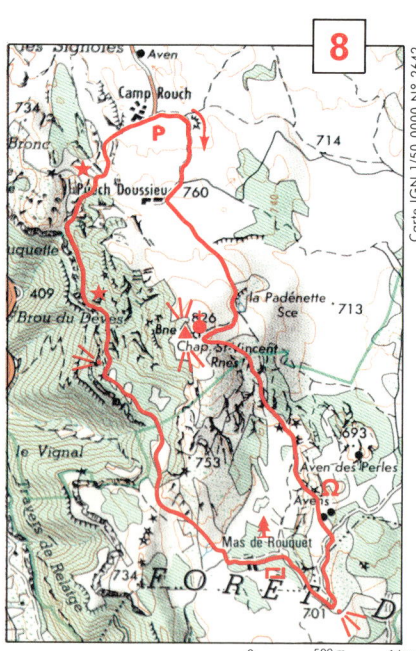

itinéraire d'accès

De Lodève, continuer la N-9 sur 15 km jusqu'au Pas-de-l'Escalette. Juste après, prendre la D-155, première petite route à droite, faire 3 km en passant par Mas-Audran puis tourner à droite vers Camp-Rouch par la D-155e. Garer le véhicule sur le terre-plein, au départ d'une piste, à gauche juste avant la ferme.

description

S'engager sur la piste balisée en rouge. Elle s'incurve en remontant sur la droite en suivant une ligne électrique, puis rejoint le hameau de Puech-Doussieu. Juste avant, prendre à gauche, après la haie, et filer tout droit à travers prés, puis monter à flanc de colline. On contourne par la droite la petite

reculée et la source de la Padenette, puis on oblique à droite pour monter face à la pente jusqu'à la chapelle St-Vincent-de-la-Goutte. En grimpant sur les rochers, on domine le Lodévois. On jouit alors d'un panorama exceptionnel : en partant du Nord et de gauche à droite on reconnaît le causse du Larzac, le massif de l'Aigoual, la montagne de la Séranne avec le Roc-Blanc et le Pic Baudille ; puis la plaine, l'Espinouse et même par temps clair les Pyrénées. De la chapelle en ruine il reste la porte du four, un abri avec une citerne, un escalier qui devait monter au clocher et un beau contrefort typiquement caussenard. On redescend par un sentier qui part un peu à droite de celui par lequel on est arrivé. On rejoint une piste puis une autre, peu après. On la prend à droite et on la suit environ 6 à 700 mètres jusqu'à ce qu'on trouve le départ d'un itinéraire balisé en jaune qui monte, à gauche dans les rochers. Il rejoint, à travers bois, la piste venant de la ferme de la Canourgue en passant par l'aven du Mas de Rouquet. Cette caverne, bien connue des spéléologues, était aménagée et servait autrefois de cave pour l'affinage du

La chapelle St-Vincent.

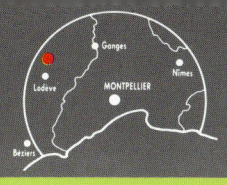
fromage, comme à Roquefort. Ayant repris la piste, à droite, on arrive au Mas-de-Rouquet par un sympathique petit parcours en forêt. On continue tout droit, laissant à gauche un itinéraire redescendre sur Soubes. On passe à proximité de l'ancienne source du Loup, puis descendant dans la végétation, on retombe sur une piste qui traverse une prairie. Tout de suite après, un panneau indique Camp-Rouch 1 h 30. La suite bien balisée en rouge, serpente d'abord dans les bois, puis en bordure de plateau, dans un paysage ruiniforme, dominant les falaises du Pas de l'Escalette, la reculée de la Lergue et le village de Pégairolles-de-l'Escalette. Le sentier s'engage alors dans une faille, gagne une jolie prairie entourée de rochers, traverse un chaos dolomitique puis atteint une combe, sur le plateau, par un couloir végétal en tunnel dans les buis. De là, on suit, sur la droite, un itinéraire balisé en rouge et blanc, « façon » GR. On traverse un autre chaos impressionnant avant de déboucher dans un pré, en contrebas du hameau de Camp-Rouch.

Pégairolles de l'Escalette et le paysage dolomitique qui domine le sentier.

LE CIRQUE DE LABEIL

cirque de labeil, escandorgue

A 65 km à l'Ouest de Montpellier,
un petit circuit forestier surprenant et contrasté,
à cheval sur le calcaire dolomitique du causse
et la lave volcanique de l'Escandorgue.

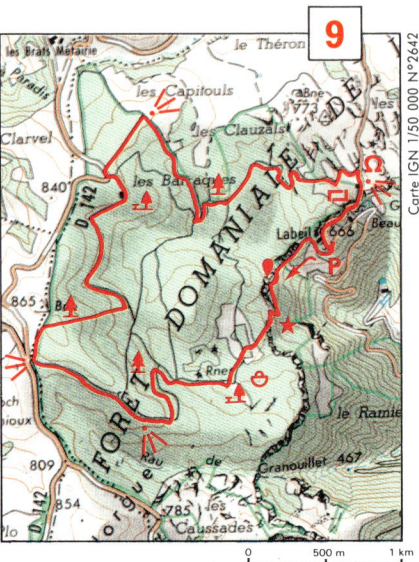

Carte IGN 1/50 000 N°2642

La rivière souterraine de Labeil.

fiche technique

Longueur : 9 km
Dénivelé : 200 mètres
Durée : 3 h 30
Difficulté : néant
Période : toute saison
Equipement : randonnée légère
Point d'eau : néant
Balisage : jaune, bleu

Carte Michelin N° : 83 pli 05
Carte IGN 1/25 000 N° : 2642 Ouest

itinéraire d'accès

Aller jusqu'à Lodève par la N-109, contourner la ville par le tunnel de la Vierge, et continuer environ 4 km en direction de Millau. Bifurquer alors à droite vers Soubès et tout de suite après tourner à gauche pour repasser sous la N-9 en direction de Lauroux, par la D-151. Continuer jusqu'au hameau de Labeil, niché au pied des falaises, en haut du cirque. Garer la voiture dans le virage, en arrivant au village.

description

Prendre sur 50 mètres à peine, le chemin qui descend dans les bois à l'extérieur du virage. Contournant le hameau en suivant un balisage jaune paille, on remonte aussitôt dans les arbres, puis le long d'un pré,

derrière les maisons, pour rejoindre un sentier au pied des falaises. En suivant ces dernières, on descend peu à peu, à travers bois et clairières, pour traverser un petit torrent, tout près de sa source (eau non potable). On remonte alors brusquement par un raidillon, qui émerge d'un coup sur le plateau, à travers une étroite brèche dans la falaise. On enchaîne sur un très agréable sentier sinueux à travers bois et clairières qui débouche sur une large piste forestière. L'ayant prise à gauche, on arrive rapidement à une bergerie en ruine, auprès de laquelle une aire de pique-nique a été aménagée. On continue sur la droite en longeant le bâtiment, passant sans transition du calcaire au basalte. La végétation elle aussi, change subitement : on pénètre alors dans une superbe sapinière donnant à la balade une allure de grand nord. On abandonne sur la droite une allée descendante et on bifurque peu après à gauche pour remonter sur la crête et suivre sur la droite un large pare-feu. De là, la vue s'étend vers le Sud-Est, du mont Liausson jusqu'à Sète. On laisse une piste descendre dans la forêt à droite avant de rejoindre le carrefour des routes D-902 et D-142. Quelques mètres plus tôt, quittant le balisage jaune, on remontera sur la droite en lisière de forêt et peu avant le sommet, on prendra la première allée à droite qui change de versant et rejoint une large piste forestière. La suivant à gauche sur 1 km, on contourne la maison forestière des Baraques, et on débouche sur un virage de la D-142. Moins

de 50 mètres plus bas, à droite, il faut s'engager sur un chemin d'exploitation qui file rectiligne vers le Nord-Est et sort de la forêt sur un large coupe-feu herbeux. De ce point, la vue embrasse, vers l'Est et le Sud-Est, le causse du Larzac et la plaine littorale. On redescend en longeant la forêt à droite, laissant tous les chemins sur la droite. Revenus en terrain calcaire, on continue sur une piste sinueuse entre des rochers dolomitiques ruiniformes. Au bout de 2,5 km, on retrouve la petite route D-151, à l'endroit où elle débouche sur le causse, près d'une belle grange bordée de son aire de battage. On rejoint Labeil en redescendant la route (à droite). Chemin faisant on remarquera que la direction de la grotte est signalée sur la gauche (pour la visite, s'adresser au Restaurant des Grottes tél. 67.96.49.47).

Les volcans du Salagou

Avant-garde avancée des formations de l'Escandorgue et du Larzac, et par elles, de la chaîne des puys de l'Auvergne, les volcans du bassin du Salagou sont presque la dernière expression du grand mouvement parti du centre de la France pour se perdre dans la Méditerranée. Car si, d'un côté, l'action volcanique s'est amortie dans le sein de la mer, ainsi que le prouvent les volcans de Saint-Thibéry et d'Agde, elle s'est étendue d'un autre côté, d'Ouest en Est, à travers la vallée du Salagou jusqu'à Montpellier, en s'affaiblissant progressivement. L'érosion des couches rouges, ou ruffes, de l'ère primaire a dégagé d'anciennes cheminées volcaniques appelées necks.

Le cirque de Labeil accessible en V.T.T.

GROTTE de CLAMOUSE

Un nouveau monde

A 30 minutes de Montpellier, située à l'entrée des Gorges de l'Hérault, la grotte de Clamouse est à 2 km en aval de Saint-Guilhem-le-Désert. Ce village médiéval, riche en souvenirs historiques et légendaires est le plus beau site roman du Languedoc.

Merveille souterraine, la grotte de Clamouse est exceptionnelle et unique par l'abondance et la variété de ses concrétions.

Dans ses vastes salles, les drapées rouges et brunes, les fistuleuses longues et fines, les cristaux en fleurs de calcite, les excentriques aux formes délirantes, constituent un univers inédit où se mêlent volumes, formes et couleurs.

Une présentation musicale, un éclairage modulé par ordinateur, donnent une vision inoubliable de ce « nouveau monde ».

Ouvert tous les jours du 1er avril au 15 novembre, toute l'année dimanches et jours fériés (et sur rendez-vous)
Renseignements : B.P. N°1 - St-Jean-de-Fos - 34150 GIGNAC - 67.57.71.05

Au débouché des gorges de l'Hérault, la cité d'Aniane,
fondée par St-Benoît en 777, vous offre ses curiosités historiques,
tel un écrin au milieu du vignoble languedocien.

Tournée résolument vers l'avenir, elle vous séduira
par ses innombrables activités sportives et culturelles,
notamment le seul observatoire en Europe ouvert au grand public.

MAIRIE D'ANIANE : 67.57.70.10 - OBSERVATOIRE ASTRONOMIQUE : 67.45.60.00

LE CIRQUE DE L'INFERNET

bout du monde, point de vue max nègre, les plos, combe de brunan

A 40 km au Nord-Ouest de Montpellier,
au départ de Saint-Guilhem-le-Désert, dans un site splendide,
une des plus belles entre les plus belles balades de la région.
A déguster avec de bonnes chaussures !

fiche technique

Longueur : 14 km
Dénivelé : 500 mètres
Durée : 5 h 30
Difficulté : dénivelé, chemins caillouteux
Période : demi-saison, hiver
Equipement : randonnée classique
Point d'eau : néant
Balisage : bleu, rouge et blanc (GR-74)
Remarque : éviter les raccourcis

Carte Michelin N° : 83 pli 06
Carte IGN 1/25 000 N° : 2643 Est

itinéraire d'accès

Prendre la N-109 en direction de Lodève jusqu'à Gignac. Dans Gignac, tourner à droite vers Aniane par la D-32 et dans ce village, prendre à gauche la D-27 vers Saint-Guilhem-le-Désert, passant par le Pont du Diable. En arrivant, monter la petite route à gauche (belle vue) et garer le véhicule sur le parking du village (payant en saison).

description

On commence par aller jusqu'au bout de la petite route qui continue au-delà du parking. On passe alors le Verdus à gué et on enchaîne sur une autre petite route. 50 mètres plus loin, il faut traverser à nouveau le ruisseau pour remonter, à gauche, un sentier en longeant le pied de la falaise (balisage rouge et blanc du GR-74 et balisage bleu). Au gré des lacets dans un maquis assez épais nous faisons face alternativement à la falaise de la Bissone (180 m) et

au « château du Géant ». Une centaine de mètres après un petit talweg, on laisse partir sur notre gauche le GR-74 et on suit le balisage bleu pour passer sous l'impressionnante paroi surplombante du rocher de la Bissone. La montée se poursuit rectiligne et très progressivement puis s'accentue pour franchir le verrou des Fenestrelles, extraordinaire cheminement en lacets, entièrement bâti en encorbellement dans la falaise. D'en haut le regard plonge en enfilade sur la combe de Gellone et le cirque de l'Infernet dit du Bout du Monde. Le sentier s'engage ensuite dans le ravin du cours supérieur du Verdus au milieu d'une végétation méditerranéenne abondante et variée. On y trouve, en effet, toutes sortes d'essences, telles que pins Laricio, arbousiers, chênes verts et pubescents, buis, genévriers cades, bruyères, romarin etc. On arrive à une bifurcation où l'on prend le sentier de gauche. Commence alors une assez longue montée dans un paysage sauvage et chaotique de

Lavogne près de la maison forestière des Plos.

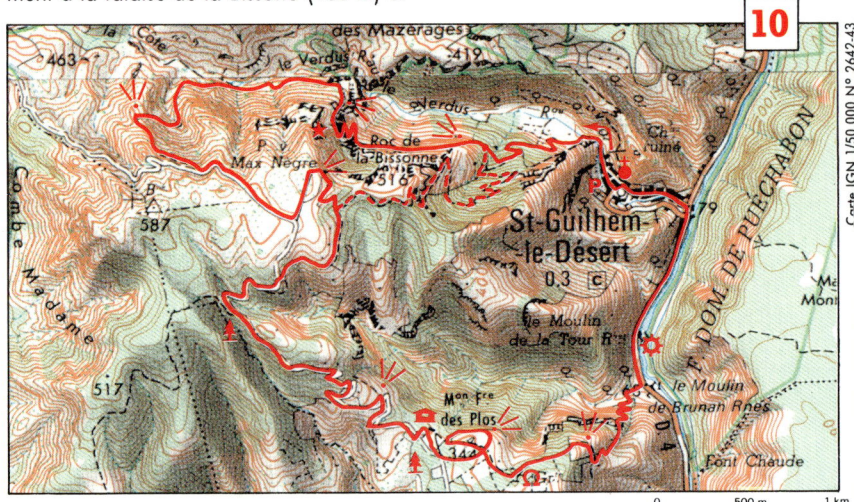

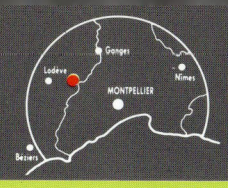
rochers dolomitiques. Le chemin débouche sur la piste forestière des Plos que l'on prend à gauche en suivant toujours le balisage bleu pour arriver à l'embranchement du point sublime « Max Nègre » (535 m). De là, évidemment, on découvre une vue remarquable sur tout le massif des monts de Saint-Guilhem. On trouvera la suite du sentier de l'autre côté et à droite du terre-plein du deuxième belvédère. Ce chemin rejoint un peu plus bas le GR-74. On peut, si on veut, le prendre à gauche pour revenir directement sur Saint-Guilhem, sinon on continue la balade sur la droite pour rejoindre la piste forestière laissée plus haut. Après le passage d'un léger col, où nous abandonnons encore une fois le GR à droite, la piste continue d'abord tout droit puis en larges virages dans une belle forêt de pins jusqu'à la maison forestière des Plos. L'Etat a fait l'acquisition de cette bâtisse en 1910 ; l'Office National des Forêts s'y est installé et a réalisé un intéressant circuit botanique. De ce dernier, au voisinage d'un belvédère, on trouvera l'embranchement du chemin de retour (balisage bleu). Le sentier passe en palier à côté d'une ancienne capitelle reconvertie en affût à la palombe, puis, laissant à droite la grotte de Brunan, il atteint le point de vue panoramique du saut de la Pansière. De là il dégringole en courts lacets à travers lapiaz et pierriers puis au milieu des pins, pour tomber sur la route de Saint-Guilhem au débouché de la combe de Brunan (beau point de vue sur un rapide de l'Hérault). Il suffit alors de remonter cette route sur 900 m pour rejoindre le bas du village. On admirera au passage le curieux moulin fortifié de Planchameil dont la forme inhabituelle en losange lui permet de résister aux plus fortes crues de l'Hérault.

La montée des fenestrelles et le point de vue Max Nègre.

LE CAUSSE DE PUECHABON

de puéchabon au relais de télévision de st-guilhem

A 30 km à l'Ouest de Montpellier,
un agréable circuit permettant de découvrir
de beaux exemples d'architecture rurale caussenarde
et un point de vue unique sur le site de St-Guilhem-le-Désert.

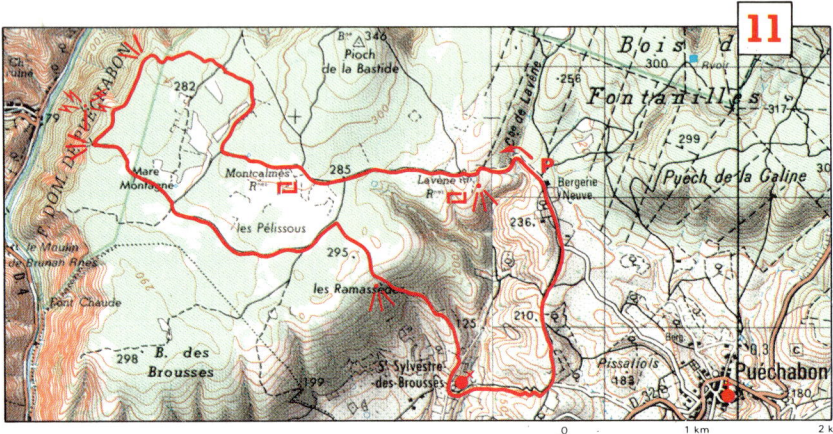

Carte IGN 1/50 000 N° 2643-2743

Carte Michelin N° : 83 pli 6
Carte IGN 1/25 000 N° : 2643 Est

La chapelle de Saint-Sylvestre-des-Brousses.

description

De la bergerie neuve, continuer la piste qui monte et conduit rapidement au hameau de Lavène (déjà cité en 1115, il comptait 28 habitants en 1791). Poursuivre au-delà en se guidant sur le balisage jaune. La vocation pastorale du plateau est attestée par un point d'eau ou lavogne en bordure de route, également appelé « lac de Ramassèdes ». Tout de suite après, on laisse la piste principale filer sur la gauche, alors que nous continuons tout droit pour gagner le village abandonné de Montcalmès. Le « château » fut donné à Saint-Benoît par Charlemagne. De nos jours, on ne découvre plus que les vestiges de puissantes murailles. En déambulant prudemment dans les ruines des habitations effondrées, on admirera les splendides fenêtres en plein-cintre d'une bergerie et les pièces voûtées, en rez-de-chaussée, de certaines demeures encore debout, derniers témoignages d'une vie rurale maintenant révolue. Continuant sur la piste, on passe devant une autre lavogne ; on laisse une première piste à gauche, puis une deuxième et on tourne à droite sur un chemin qui file tout droit dans les chênes verts.

Le village de Puéchabon.

fiche technique

Longueur : 15 km
Dénivelé : 160 mètres
Durée : 4 h 30
Difficulté : néant
Période : demi-saison, hiver
Equipement : randonnée classique
Point d'eau : néant
Balisage : jaune

itinéraire d'accès

Prendre la N-109 jusqu'à Gignac, puis la D32 en direction de St-Martin-de-Londres jusqu'à Puéchabon. A l'entrée de ce joli village, à hauteur d'un calvaire, prendre à gauche, puis immédiatement à droite la petite route goudronnée jusqu'à la bergerie neuve (2 km). Se garer là sur le bas-côté.

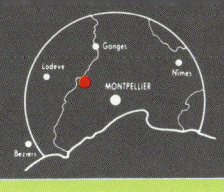

On oblique ensuite sur la gauche en traversant des charbonnières et pierriers pour rejoindre le rebord Ouest du plateau, au-dessus des gorges de l'Hérault. De là, on découvre une belle vue sur les monts de St-Guilhem, la combe de Gellone et la Séranne. La piste s'incurve à gauche pour répartir grossièrement empierrée, droit vers le Sud à travers bois. Il faut alors la quitter au niveau d'une petite borne, dans le dernier tournant, pour prendre un petit sentier qui rejoint le bord du plateau et qui le longe vers le Sud jusqu'au relais de télévision de St-Guilhem. De ce point on a une vue remarquable sur tout le site de St-Guilhem-le-Désert, le cirque de l'Infernet et, par-derrière, le Pic Baudille, un des sommets de la Séranne. On repart sur le plateau en prenant la piste du relais. Très vite on arrive à un carrefour ; on prend la piste principale qui continue à gauche. Dans une zone un peu déboisée on aperçoit sur la gauche le hameau de Montcalmès. On laisse une première piste à droite puis on en prend une deuxième qui remonte légèrement vers le Sud pour redescendre brusquement sur la chapelle St-Sylvestre-des-Brousses d'architecture carolingienne. Après une petite halte en ce lieu paisible, on continue à gauche derrière l'église, sur le chemin qui descend dans le vallon et qui remonte sur l'autre versant par le Fond-de-la-Coste. On arrive à une croisée de chemins sur un petit col, d'où l'on aperçoit le clocher de Puéchabon. Prenant le chemin à gauche balisé en rouge, on continue à monter très progressivement dans les bois, puis en prenant toujours à droite, on rejoint la petite route qui nous ramène, par la gauche, à la Bergerie Neuve.

Ancienne bergerie au hameau de Montcalmès et Saint-Guilhem-le-Désert vu depuis le relais de TV.

L'ERMITAGE NOTRE-DAME-DE-LIEU-PLAISANT

monts de st-guilhem, circuit cols de ginestet et de la pousterle

A 40 km au Nord-Ouest de Montpellier, cette balade permet de découvrir au départ de St-Guilhem-le-Désert un des plus pittoresques et des plus parfumés coins de la garrigue.

fiche technique

Longueur : 9 km
Dénivelé : 430 mètres
Durée : 3 h 30
Difficulté : aucune
Période : hiver et demi-saison
Equipement : randonnée légère
Point d'eau : St-Guilhem, Ermitage
Balisage : rouge et blanc (GR) et bleu
Remarques : ravitaillement à St-Guilhem-le-Désert.

L'Ermitage de Lieu-Plaisant.

itinéraire d'accès

Prendre la N-109 en direction de Lodève et Millau jusqu'à Gignac, prendre à droite la D-32 jusqu'à Aniane puis tourner à gauche vers St-Guilhem-le-Désert sur la D-27 par le Pont du Diable (belle vue). Se garer au parking visiteur en haut du village en remontant la petite route qui grimpe à gauche à l'entrée de l'agglomération.

Carte Michelin N° : 83 pli 6
Carte IGN 1/25 000 N° : 2643 Est et 2642 Est

description

Le chemin démarre juste avant la dernière maison de la rue qui mène au Bout-du-Monde. Après être passé sous une porte des anciens remparts de St-Guilhem, il monte en lacets jusqu'à un petit col, le Cap de la Croux.

Ruines du Château du Géant.

De là, si l'on n'est pas avare de son souffle, on peut faire en dix minutes un crochet
à droite jusqu'au château ruiné dit du Géant
qui, de son observatoire établi sur une éminence, embrasse le village d'un coup d'œil.
Revenu au col après cet intermède, on
reprend le chemin principal (GR.74). Celui-ci
monte régulièrement d'abord en suivant
plus ou moins la ligne de crête puis après
un petit vallon, en serpentant à flanc de
montagne jusqu'à l'Ermitage de Lieu-
Plaisant (XIVᵉ siècle). On trouvera un robi-
net d'eau potable en passant derrière la
chapelle au pied du grand rocher qui
domine le lieu. Ne pas oublier de le refermer. Ce havre de paix contraste étrange-
ment avec le décor tourmenté et l'abondante végétation méditerranéene. La silhouette du grand pin de Salzman se détachant des rochers dolomitiques fait penser
à un paysage japonais. Le chemin grimpe
alors vers le Nord en se faufilant dans le
romarin et la bruyère. On laisse sur la droite
un sentier qui redescend dans le vallon et
on atteint après quelques épingles le Col de
Ginestet d'où l'on découvre une très belle
vue, au Nord sur la Seranne et au Sud sur
la montagne de la Selette et les garrigues
de Puechabon. On gagne par l'autre versant la piste forestière que l'on prend en
tournant à gauche. Son tracé sinueux au-
dessus de la Combe d'Arnaud nous conduit
en une petite demi-heure au sauvage col de
la Pousterle.
On redescend alors sur le versant Sud par
un sentier qui rejoint le chemin du départ.
La boucle est bouclée, il suffit de reprendre
à droite, en direction de St-Guilhem-le-
Désert, le chemin que nous avions emprunté
à l'aller.

Château du Géant et falaises de St-Guilhem.

LE ROC DE LA VIGNE

les lavagnes, roc de la vigne, l'estagnol

A 50 km au Nord-Ouest de Montpellier, un itinéraire exceptionnel grimpant au sommet des Monts de St-Guilhem et traversant la fantastique forêt de Pins de Salzmann. A faire absolument.

fiche technique

Longueur : 16 km
Dénivelé : 450 mètres
Durée : 7 heures
Difficulté : longueur (peut se faire en deux parties)
Période : demi-saison, hiver
Equipement : randonnée classique
Point d'eau : néant
Balisage : bleu, rouge et jaune, rouge et blanc (GR 74)
Remarque : balade pouvant être scindée sur deux jours.

itinéraire d'accès

Prendre la N-109 en direction de Lodève jusqu'à Gignac, puis bifurquer, à droite, vers Montpeyrou et Arboras. 800 mètres avant Arboras, juste avant le pont qui enjambe le ravin, tourner à droite, en épingle à cheveux, sur la petite route qui en 10 km conduit aux Lavagnes. Garer la voiture juste avant, sur l'aire d'accueil. (Panneaux d'informations).

Carte Michelin N° : 83 pli 06
Carte IGN 1/25 000 N° : 2642 Est

description

Continuer sur la route jusqu'à l'entrée du hameau. Remonter un instant le chemin qui le traverse et bifurquer tout de suite à gauche, le long de la bergerie, en suivant plus ou moins la ligne électrique. On passe auprès d'une belle lavogne et traverse un petit vallon sur un chemin peu marqué, balisé en bleu, avant de remonter vers le gîte d'étape de Mas Aubert (repas sur commande, boissons, refuge ouvert toute l'année, tél. 67.73.10.25). Sur la route, à l'entrée de ce dernier, prendre la piste du Mas d'Agre condamnée par une barrière. Après être passés devant un grand menhir (hauteur 5 m), on fait le tour du ravin de la plaine de Lacan, puis on monte sur le replat, au-dessus. Un court détour sur la droite, balisé par des cairns, mène au modeste orifice de l'aven de la Capitelle. Ce gouffre récemment exploré, détient le record de profondeur du Languedoc-Roussillon avec – 400 m. Revenus sur la piste, on bifurque à droite puis, peu après, à gauche sur le passage naturel appelé « Pont d'Agre ». On rejoint la crête au pied-même du Roc de la Vigne. Au bout de la piste, on s'enfonce dans la forêt par un sentier muletier que rejoint rapidement, sur la droite, le chemin de la combe de la Blande (balisages bleu, ainsi que jaune et rouge). Peu après, on trouvera sur la droite, signalé par un cairn, le départ du sentier qui gagne en quelques minutes le sommet du Roc de la Vigne (alt. 709 m), couronné de grands pins. De là-haut, le panorama est superbe avec, du Nord à l'Ouest, toute la montagne de la Séranne, du Roc Blanc au Pic Baudille ; à l'Est, le Pic St-Loup et l'Hortus et au Sud, toute la garrigue nord-montpelliéraine

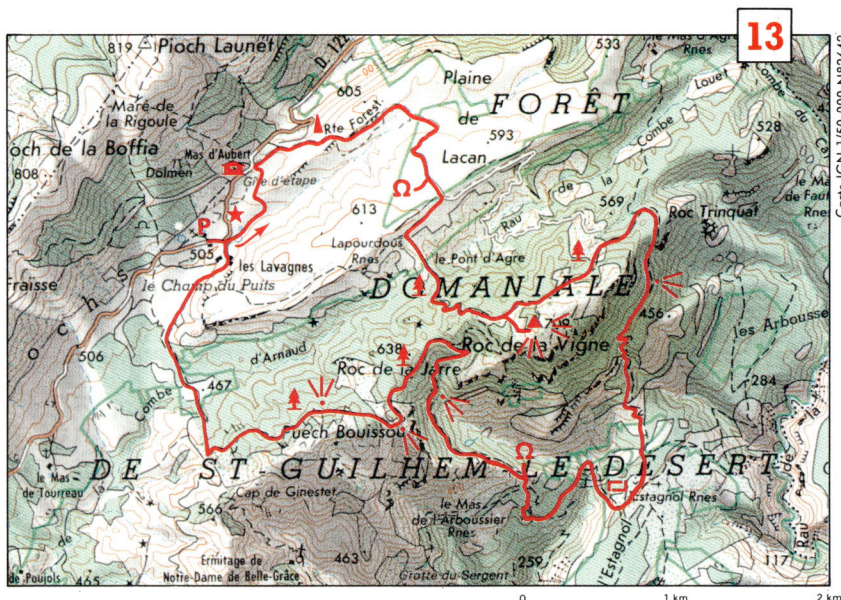

Carte IGN 1/50 000 N°2642

13

jusqu'à la mer. De retour sur le chemin, on traverse la splendide forêt domaniale en descendant très progressivement vers le Nord-Est, en direction du Mas d'Agre. On laisse sur notre gauche le sentier qui y mène (balisage rouge et jaune) ; en suivant le balisage bleu, on contourne la crête de Montagresse pour redescendre peu après en lacets dans le maquis en direction du pittoresque hameau abandonné de l'Estagnol ; encore occupé il y a peu par un vieux berger, c'est un bel exemple d'habitat rural caussenard. Laissant à gauche le sentier redescendre dans la vallée, on continue tout droit le long de la dernière maison, puis on plonge dans la combe de Legeaux, avant de remonter vers les ruines du Mas de l'Arbousier. Sur le replat au-dessus, on rejoint et on prend à droite, dans un virage serré, le chemin de St-Guilhem par la baume de l'Olivier qui monte au Roc de la Vigne. Un peu plus loin, au débouché de la combe de la Blande, 50 mètres à droite, en contrebas du sentier, on pourra aller voir la grotte de la Baume Cellier. L'entrée inférieure est défendue par un mur percé de meurtrières, ce qui laisse supposer qu'elle servit d'abri défensif, pendant des périodes troublées. Revenus sur le chemin, on remonte alors une assez longue rampe sur la combe de la Blande jusqu'à s'aiguiller en douceur sur un sentier venant de la crête et sur lequel s'inscrit l'itinéraire balisé en jaune et rouge. On peut abréger un peu la balade en prenant ce chemin qui retrouve, un peu plus haut à gauche, la piste des Lavagnes. Ayant fini de monter, on continuera cependant avantageusement tout droit sur l'agréable sentier serpentant en palier à flanc de montagne. Il conduit à un rocher, qui s'avance en promontoire au-

A travers les pins de Salzmann et le menhir de la plaine de Lacan près des Lavagnes.

dessus de la combe de la Blande et d'où l'on découvrira un panorama exceptionnel s'étendant jusqu'à la mer. Revenus ensuite sur le chemin, on pénètre dans la belle forêt de pins de Salzman et, contournant le puech Bouissou, on passe sur le versant Nord. Avec de belles vues sur la Séranne, on débouche sur un chemin que l'on prend à droite et qui rejoint le GR-74, venant de St-Guilhem sur une piste forestière. Peu après une barrière de service, le GR quitte la piste et rejoint les Lavagnes par un vieux chemin caillouteux.

Groupement des restaurateurs - A. Aigoin

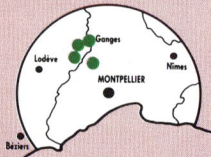
D'UNE VIGNE

Dans la plaine languedocienne, le cœur battant du village n'est pas l'église mais un monument massif, la cave coopérative, temple baroque élevé à la « dive bouteille ». Sur les marges des garrigues, la vigne se fait plus discrète et rustique, raréfiée par la rudesse du sol, mais un petit peuple de fidè-

les l'entretient amoureusement et sacrifie chaque automne à la cérémonie païenne des vendanges. Le vignoble devient sélectif dans les costières du Gard, disputant les meilleures terres aux vergers.

M. Bonnet avait parlé de « piquette » à propos des vins du Midi, alors qu'il était ministre de l'Agriculture. Depuis les temps ont changé.

Prenant en compte la nouvelle donne d'un marché concurrentiel européen et l'évolution de la demande qui pénalise les vins

A L'AUTRE

les VIGNERONS de MONTPEYROUX

MONTPEYROUX, village secret est la terre d'élection des randonneurs, des historiens, des archéologues, des botanistes et des spéléologues.

Historiquement, la vigne a escaladé les côteaux. Les défrichements ont gagné sur la garrigue. Le sol pierreux très calcaire a toujours procuré un vin généreux, riche en tanin et en couleur. Les cépages ancestraux de Carignan, Cinsault n'ont jamais permis un rendement élevé, garantie donc de qualité.

Sur cette terre aride, balayée par le vent terral, les cépages nobles ne peuvent que restituer en arômes épicés, les senteurs environnantes.

La propriété foncière très morcelée a longtemps été cultivée de façon archaïque, gage de conservation des qualités spécifiques du produit.

La CAVE des VIGNERONS de MONTPEYROUX, créée en 1950 a permis le regroupement des petites parcelles et des énergies.

Un plan coordonné a transformé le vignoble en ajoutant de nouveaux cépages nobles sans toutefois abandonner l'identité vinique du terroir.

Les « Grenaches, Syrahs et Mouvèdres » mêlés aux cépages ancestraux donnent un produit attachant et très personnalisé.

Les Vignerons élaborent et élèvent dans leur cave une gamme complète de vins classés « APPELLATION D'ORIGINE CONTROLEE COTEAUX DU LANGUEDOC MONTPEYROUX ».

Caveau ouvert du lundi au samedi du 16 septembre au 30 avril et tous les jours du 1er mai au 15 septembre, dimanche et jours fériés compris.
CAVE COOPERATIVE DE MONTPEYROUX - 67.96.61.08

ordinaires, les coopérateurs et les producteurs indépendants jouent la carte de la bonification du vignoble. Un des symptômes de cette évolution est le fait qu'au cours de ces dernières années plusieurs zones du Languedoc ont accédé au statut d'A.O.C. : Faugères et Saint-Chinian, les coteaux du Languedoc, les corbières, le minervois et les costières du Gard. Et, comme la tendance est à l'écologie, on vient de mettre au point le désherbage « propre » par aspersion d'azote liquide.

LA SERANNE ET LE VAL DE BUEGES
circuit crêtes de la seranne et vallée de la buèges

A 50 km au Nord-Ouest de Montpellier, un circuit inoubliable faisant alterner les crêtes sauvages de la Séranne avec la riante vallée de la Buèges. Une solide randonnée pour bons marcheurs.

fiche technique

Longueur : 13 km
Dénivelé : 610 mètres
Durée : 6 h
Difficulté : longueurs et dénivelé
Période : hiver demi-saison
Equipement : randonnée classique
Point d'eau : source de la Buèges et St-Jean-de-Buèges
Balisage : jaune, bleu, jaune et rouge

itinéraire d'accès

De Montpellier, prendre la direction de Ganges par la D-986. A la sortie de St-Martin-de-Londres, tourner à gauche en direction du Causse-de-la-Selle et de St-Jean-de-Buèges par la D-122. Entrer dans St-Jean-de-Buèges et se garer au parking derrière l'église.

Carte Michelin N° : 80 pli 16
Carte IGN 1/25 000 N° : 2642 Est 2742 Ouest

description

Le chemin débute à gauche de l'église. (balisage jaune). Commence alors une assez longue montée à travers des cultures en terrasses puis, arrivé sur un replat, le chemin grimpe dans un bois de chênes et continue en lacets dans la garrigue. S'élevant rapidement il conduit au roc du Caylaret dans lequel s'ouvre une petite grotte. A ce niveau, une vire aérienne le long d'une strate conduit à un belvédère d'où la vue plonge sur St-Jean-de-Buèges et sur la vallée. Continuant le sentier et après avoir franchi un dernier seuil rocheux, on arrive à un vaste replat. A partir de là, il faut repérer le croisement avec le sentier des crêtes (balisage bleu). L'ayant pris à gauche, on s'élève encore un peu à travers bois, puis ayant

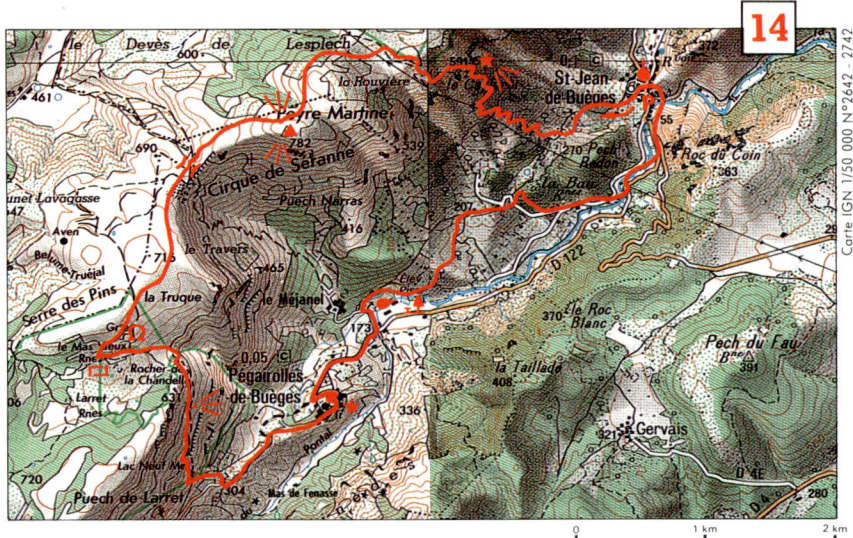

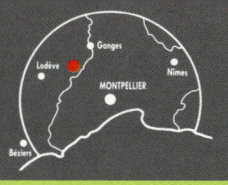

contourné le mamelon de la Rouvière, on rejoint le sommet de Peyre Martine (Alt. 782 mètres) point culminant de la balade. De là, on découvre un magnifique panorama sur le Mont Aigoual, le Causse du Larzac, le Pic St-Loup et, au-delà, la plaine jusqu'à la mer. On redescend ensuite en oblique à travers des lapiaz corrodés en bordure supérieure du cirque de la Séranne. On croise le chemin qui dégringole vers le Méjanel, et on poursuit sur environ 1 km en longeant plus ou moins la crête. On redescend alors vers les ruines du Mas Vieux, toujours en suivant le balisage bleu. Avant d'y arriver, au voisinage d'un chêne isolé, une vingtaine de mètres sur la gauche en contrebas du sentier, on trouvera l'entrée de la grotte de Cistéragne. Une fois au Mas Vieux, il faut prendre à gauche le sentier muletier qui redescend vers la vallée. Après un passage en palier au-dessus d'une barre rocheuse d'où l'on découvre un beau point de vue sur le petit village de Pégairolles-de-Buèges, on rejoint rapidement, en quelques lacets bâtis et empierrés, la route qui mène à Arboras par le hameau des Lavagnes. Attention aux câbles en travers du chemin qui servaient autrefois à descendre le buis pour la litière du bétail. Ayant rejoint la route, tourner à gauche, traverser Pégairolles-de-Buèges, puis une fois en bas dans la vallée, tourner à gauche vers le Méjanel et ensuite à droite pour rejoindre la vasque limpide de la source de la Buèges. Après une halte rafraîchissante, on retrouvera le chemin de St-Jean-de-Buèges au-delà de l'aire de repos (balisage jaune et rouge). On passe au milieu des vignes et des oliveraies, puis on emprunte une petite route qui nous ramène à notre point de départ en longeant les eaux étonnamment transparentes de la Buèges.

St-Jean-de-Buèges et la montagne de la Séranne.

LES GORGES DE LA BUEGES

du pont de vareilles à st-jean-de-buèges

A 50 km au Nord-Ouest de Montpellier, un très agréable parcours ombragé le long d'une rivière aux eaux limpides avec de nombreuses clairières pour le pique-nique. A faire en famille.

ner à droite ; traverser le petit village de St-André-de-Buèges et continuer la petite route jusqu'au hameau de Vareilles. Juste avant, on descend sur la gauche par la route qui

fiche technique

Longueur : 6,5 km
Dénivelé : 60 mètres
Durée : 3 heures
Difficulté : passage à gué
Période : hiver, demi-saison
Equipement : petite randonnée
Point d'eau : fontaine St-Jean-de-Buèges
Balisage : jaune

Carte Michelin N° : 83 pli 06
Carte IGN 1/25 000 N° : 2742 Ouest
2642 ET

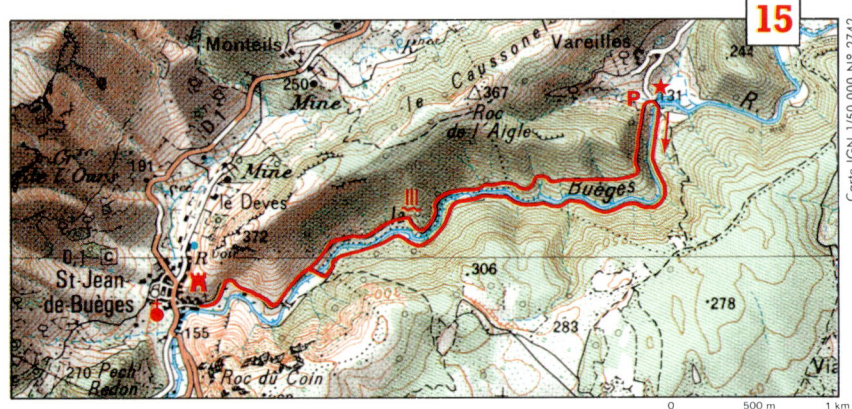

itinéraire d'accès

De St-Jean-de-Buèges, prendre la D-1 en direction de Ganges sur 5 km environ. Juste après le passage d'une petite cluse, tour-

oblique jusqu'au joli pont sur la Buèges. Garer le véhicule correctement pour ne pas gêner le passage des riverains.

Le pont de Vareilles au départ de la balade, surplombe les eaux claires de la Buèges.

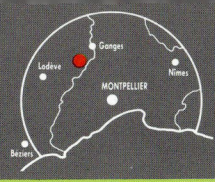

description

L'attrait de cette très agréable promenade réside dans le voisinage immédiat de la merveilleuse limpidité des eaux de la Buèges. Or il se trouve qu'en période de sécheresse, notamment en été, la rivière se perd, comme un oued, dans le sous-sol calcaire, en aval de St-Jean-de-Buèges, et son lit devient sec. Il convient donc d'organiser cette balade de préférence après une période de pluies, quand la Buèges coule sous le pont de Vareilles. Après ce pont, on la remonte, rive droite, le long d'un champ, jusqu'à un chemin forestier récemment tracé et prolongé par un sentier ombragé. Celui-ci serpente le long de la rivière, en remontant de temps à autre, entrecoupé par de belles clairières. Les possibilités de pique-nique sont nombreuses avec de jolies échappées sur les cascatelles et gours de tuf qui jalonnent le cours d'eau. On arrive à une piste et à un gué qui permet de passer sur l'autre rive en évitant le champ d'épandage (assez discret mais un peu déplacé en ces lieux) de St-Jean-de-Buèges. Après avoir traversé la rivière, on rejoint, rive gauche, le confortable chemin de terre qui en peu de temps nous conduit jusqu'aux premières maisons du village. Blottis sous les vestiges du château féodal (XIIIe), l'église romane et les maisons de St-Jean-de-Buèges constituent un des plus jolis sites de la région. Sa visite par les ruelles à l'ombre des grands platanes est un enchantement. Après cet agréable intermède, on revient par le même chemin, mais on ne retraverse pas la Buèges au passage à gué. On poursuit le chemin balisé de jaune jusqu'au pont de Vareilles (XVe siècle).

Le monde aquatique fait place aux premières cultures à l'entrée du village.

LE ROC BLANC

circuit notre-dame-du-suc, le roc blanc, la coupette

A 50 km au Nord de Montpellier,
une superbe randonnée assez sportive passant
par le point culminant de la montagne de la Séranne.
Pour bons marcheurs.

fiche technique

Longueur : 17 km
Dénivelé : 800 mètres
Durée : 7 heures
Difficulté : longueur et dénivelé
Période : demi-saison, hiver
Equipement : randonnée classique
Point d'eau : néant
Balisage : jaune et rouge, bleu,
           orange et bleu

Carte Michelin N° : 83 pli 6
Carte IGN 1/25 000 N° : 2742 Ouest

itinéraire d'accès

Aller jusqu'à Saint-Bauzille-de-Putois par la
D-986. Avant d'entrer dans le village tourner
à gauche et immédiatement après le
pont sur l'Hérault, prendre encore à gauche
jusqu'à Brissac par la D-108 et la D-4.
A Brissac tourner à gauche vers Saint-Jean-
de-Buèges et faire 3 km avant de monter à
droite vers Notre-Dame-du-Suc. Garer la
voiture au parking dans le dernier virage
en épingle à cheveux avant l'église.

description

On trouve le départ du chemin tout au fond
du parking (balisage jaune et rouge).
Remontant un talweg, il grimpe dans le
maquis et en deux lacets atteint la monumentale statue de la vierge édifiée sur un
promontoire rocheux. De ce premier belvédère, on a déjà une belle vue sur la vallée
de la Buèges et les garrigues environnantes. En suivant bien le balisage, on reprend
le sentier qui se perd parfois dans la montagne. A travers lapiaz, pierriers et bosquets, on s'élève peu à peu pour déboucher
enfin sur une piste à hauteur du relais-TV
situé à l'extrémité-est de la ligne de faîte de
la Séranne (alt. 660 m). C'est cette piste qu'il
faut prendre à gauche, sur à peu près 4 km,
pour atteindre le sommet du Roc-Blanc. On
peut aussi, après environ 1,5 km, prendre
à droite l'ancien sentier plus sympathique
mais un peu plus sportif. Suivant plus ou
moins la crête, il finit par rejoindre la piste
dans un virage, à 100 mètres du sommet
(alt. 942 m). Passé le relais-TV, on retrouve
le sentier balisé qui redescend à gauche du

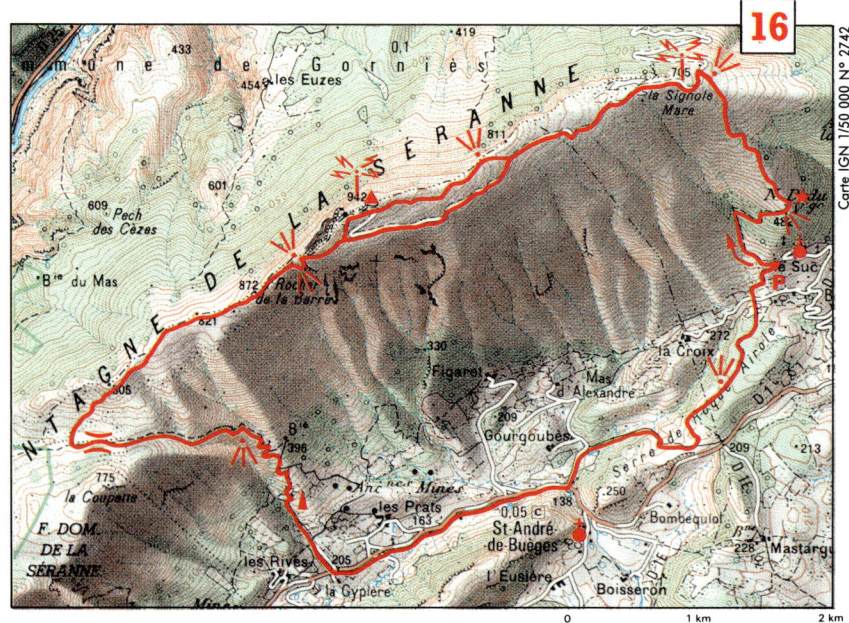

Carte IGN 1/50 000 N° 2742

16

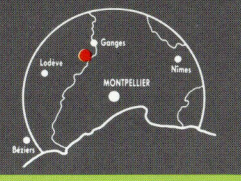
portail de la tour de surveillance anti-incendie. Il retombe sur une piste en contrebas, qu'il faut alors prendre à droite sur 200 mètres jusqu'à la base d'envol de deltaplane. De là, la vue est remarquable sur l'Aigoual, le Pic d'Anjeau, les gorges de la Vis et le causse de Blandas au Nord ; le Larzac et toute la Séranne en enfilade jusqu'au Pic Baudille à l'Ouest ; le Pic Saint-Loup et les garrigues jusqu'à la mer au Sud et au Sud-Est. La suite du sentier part de la rampe d'envol en bois et contourne, par-dessous, l'éperon rocheux. A partir de là, on trouve un second balisage bleu qui suit un cheminement très pittoresque, d'abord le long de la crête sur un curieux trottoir rocheux, puis sur une croupe à travers lapiaz érodés et pierriers jusqu'à un embranchement peu marqué. Là, il faut continuer tout droit en suivant le balisage bleu et laisser partir sur la droite le sentier balisé en rouge et jaune. On descend très progressivement dans une végétation de plus en plus fournie jusqu'à une sorte de col très large où débouche le vieux chemin de la Coupette. On prend alors ce chemin à gauche en suivant un balisage orange et bleu. Peu à peu la pente s'accentue et le chemin s'estompe pour se réduire à un raidillon inconfortable et glissant dans la pierraille (bonnes chaussures indispensables). Il retrouve un moment un profil normal et descend en lacets sur les flancs de la Rouvière. On le quitte, après un virage serré à gauche, en prenant un chemin sur la droite. On rejoint une draille en longeant une olivette où se dresse un petit menhir, puis on descend tout droit en bordure de vignes pour atteindre la D-1 en face de la Gypière. Il faut alors suivre à gauche cette petite route sur environ 2 km, avant de tourner à gauche, juste avant une

petite clue, vers Gourgoubès et le Mas Alexandre. (On retrouve un balisage jaune et rouge). 300 m après, laissant la route tourner à gauche, on continue tout droit pendant 500 m avant de prendre à droite un chemin remontant qui conduit à un petit col occupé par un terrain d'atterrissage de vol libre (manche à air). On tourne alors à gauche sur un chemin qui en rejoint un autre que l'on prend aussi à gauche. On suit un parcours sinueux dans les bois de la Serre de Roque Airole d'où l'on a de belles vues sur la Séranne. Après avoir dépassé des maisons et traversé une petite route, on boucle le circuit par un cheminement qui remonte à Notre Dame du Suc entre des murets de pierres.

Les crêtes de la Seranne vues depuis le Roc Blanc.

La chapelle de Notre Dame du Suc, c'est-à-dire du tertre, est bâtie sur une roche inculte et nue. Son origine doit beaucoup à la superstition et au mythe. Le bouvier d'une métairie voisine observa qu'un des bœufs, qu'il menait paître sur la colline du Suc, allait tous les jours s'agenouiller devant un roc que couvrait une touffe de buis. Frappé de la singularité de son attitude, le bouvier s'enquit de ce que cachait l'arbuste toujours vert. Qu'y trouva-t-il ? Une petite statue de la vierge, blanche comme le lait.

L'ABIME DE RABANEL

circuit coupiac, rabanel, bois de bayle

A 45 km au Nord-Ouest de Montpellier, un petit circuit dans la garrigue sur les flancs de la Séranne, passant par un gouffre impressionnant découvert par le célèbre spéléologue E.A. Martel.

fiche technique

Longueur : 5,5 km
Dénivelé : 300 mètres
Durée : 2 h 30
Difficulté : néant
Période : demi-saison, hiver
Equipement : randonnée légère
Point d'eau : néant
Balisage : bleu

Carte Michelin N° : 83 pli 6
Carte IGN 1/25 000 N° : 2742 Ouest

itinéraire d'accès

Prendre la D-986 vers Ganges jusqu'à St-Bauzille-de-Putois. Juste avant d'entrer dans le village, tourner à gauche sur la D-108e, et immédiatement après le pont sur l'Hérault, prendre à droite pour rejoindre la D-4 par le hameau d'Agonès. Tourner à droite, puis 50 mètres après, à gauche vers Coupiac. Garer la voiture sous des chênes, à un croisement, au terminus de la route, près du panneau « Abîme de Rabanel ».

description

Le chemin passe le long d'une maison puis entre deux murets dans le prolongement de la route. Il fait un coude à droite et commence à monter. Il traverse alternativement des zones plus ou moins boisées et des lapiaz érodés puis, laissant à gauche le départ d'un chemin balisé en jaune, il con-

Descente dans le gouffre.

Le fond du premier puit à 110 mètres sous-terre.

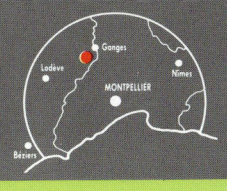

tinue droit vers la montage. On s'engage dans une végétation plus dense en remontant le fond d'un talweg. Il faut alors repérer un sentier remontant sur la gauche pour atteindre la gueule de l'abîme tout proche. Attention, il convient de bien tenir la main des enfants car l'énorme gouffre a 212 mètres de profondeur et le grand puits d'entrée fait plus de 110 mètres d'un seul jet. Son ouverture béante aux abords glissants était un objet de terreur pour les bergers de la Séranne qui y perdirent de nombreuses bêtes. On dit aussi que l'abîme fit des victimes humaines. On peut imaginer le courage du grand explorateur, E.A. Martel, qui, en 1889, fit la première descente à la lueur d'une bougie, à califourchon sur une bille de bois, au bout d'une corde tenue par des aides. Il ne faut pas y jeter de pierres car l'abîme de Rabanel est devenu une visite classique pour les spéléologues et peut-être aura-t-on la chance de voir l'un de ces aventuriers des temps modernes descendre ou remonter des entrailles de la terre ! On continue sur le chemin principal en remontant toujours dans un épais maquis pour atteindre la crête de la Séranne. De là, on découvre une belle vue vers le Nord-Ouest sur l'Aigoual, le Pic d'Anjeau et le causse de Blandas, dominant les gorges de la Vis. On recoupe ensuite la piste qui monte de Cazilhac au Roc-Blanc ; la prenant à droite sur environ 1 km, il faudra ensuite, avant d'arriver au mamelon de la Rovairole, retrouver, à droite dans un pierrier, le départ du sentier balisé en bleu qui redescend vers Coupiac. Arrivés au village, quartier du Lirou, on rejoindra la voiture en prenant toujours à droite, ou bien, ayant traversé le hameau, en reprenant la route également à droite.

Reconstitution de l'exploration de l'abîme par Martel et le village de Brissac.

Parcourir les chemins de la mer aux Cévennes, c'est aussi revivre, à travers une variété infinie de roches et de paysages, la plus merveilleuse histoire, celle de notre planète.

Goutte d'eau, raconte ton voyage

Une goutte de pluie tombe sur le causse ; c'est le début d'une intimité étonnante avec la roche calcaire que l'on rencontre si souvent dans le décor et sur les sentiers de nos balades.

Un océan disparu

Les couches calcaires qui constituent nos causses et nos garrigues se sont déposées au fond d'une mer qui recouvrait tout le Languedoc. Autre temps, autre décor, la montagne de la Séranne était alors une barrière de corail hantée d'ammonites, ancêtres des seiches actuelles.

Des paysages sculptés par l'eau

Le calcaire (et la dolomie) ont la particularité d'être solubles, comme un banal morceau de sucre. La goutte d'eau va alors commencer à dissoudre la roche en surface. Petit à petit, les *lapiaz*, ces champs de crevasses, apparaissent, les *dolomies*

Ruffes du Salagou.

sont réduites à l'état de ruines et de *sable blanc* (typiques au cirque de Mourèze ou sur le Larzac). Se forment aussi les *dolines*, petites cuvettes tapissées d'argile, les *poljés*, vastes plaines (comme celle de Saint-Maurice de Navacelles) où des rivières aujourd'hui disparues ont laissé des galets polis. Notre goutte d'eau, architecte des paysages aériens en resterait là si les roches des causses et des garrigues n'avaient subi les mouvements de la croûte terrestre qui les ont fissurées, fracturées, faillées.

Divagations souterraines

Très peu de végétation et une roche fissurée, c'est l'aubaine pour une goutte d'eau qui s'infiltre dans le massif calcaire. Par dissolution, elle agrandit la fissure jusqu'à donner des gouffres impressionnants (le gouffre du Mas Raynal est profond de 100 m), creuser des galeries et grossir les rivières souterraines. C'est là qu'elle va cristalliser en partie sa charge de calcaire en concrétions, draperies, stalactites et autres stalagmites.

Ça coule de source

D'étonnants itinéraires souterrains amèneront la goutte d'eau depuis la perte, en sur-

Fossiles d'Amonites.

face, à la source parfois distante d'une dizaine de kilomètres (c'est le cas du Lez). Les sources, souvent situées au pied des reliefs calcaires, restitueront en partie cette gigantesque mais vulnérable richesse. Ainsi, les massifs calcaires ont dans le cœur toute l'eau qui manque à leur paysage.

Luc David

Détail de rigole dans la roche.

Concrétion.

Lapiaz sur le Taurac.

Le lac temporaire des Rives.

Les pères fondateurs de la spéléologie

Les premiers spéléologues ont été les hommes préhistoriques qui n'hésitèrent pas à pénétrer sous terre pour s'y abriter. Plus tard, au contraire, les cavernes furent l'objet de craintes et, au moyen-âge, étaient même considérées comme l'antichambre de l'Enfer. Ce n'est qu'au XIXe siècle que les véritables explorations furent entreprises, et seulement à partir de 1890 que la spéléologie s'affirma comme une véritable science.

Edouard-Alfred Martel (1859-1938)

A une époque héroïque où le matériel était empirique et inadéquat, les expéditions de E.A. Martel prirent souvent un tour périlleux mais mirent au jour des merveilles naturelles, inconnues jusqu'alors. (Bramabiau en 1888, Rabanel en 1889). Il fit de la spéléologie une véritable science pluridisciplinaire et publia plusieurs ouvrages remarquables qui lui valurent une célébrité mondiale.

Robert de Joly (1887-1968)

Ardente personnalité languedocienne, Robert de Joly fut le fondateur de la Fédération Française de Spéléologie. On lui doit les premières techniques modernes d'exploration.

Norbert Casteret (1897-1988)

La découverte dès son enfance de nombreuses cavités et sites préhistoriques dans ses Pyrénées natales, puis plus tard les explorations des grands réseaux pyrénéens et d'Afrique du Nord ponctuent l'extraordinaire carrière de N. Casteret. Par ces nombreux et exaltant récits ce chantre de la spéléologie est à l'origine de multiples vocations. Son épouse Elisabeth fut la première femme spéléologue exploratrice d'abîmes.

La spéléologie aujourd'hui

De nombreuses disciplines scientifiques bénéficient des découvertes de la spéléologie : l'archéologie, la géologie, la biologie, la physique, la chimie et même la psychologie et la médecine. C'est pourquoi, le terme de spéléologie désigne à la fois une activité scientifique et sportive. Etant donné l'utilisation de matériel collectif d'équipement, et pour des raisons évidentes de sécurité, elle est pratiquée en équipe, toute action individuelle étant exclue. Depuis les années 70, le matériel et les techniques de progression sous terre ont considérablement évolué. En effet, les bonnes vieilles échelles métalliques ont laissé la place aux techniques dites alpines de descente et de remontée sur corde unique.

Ainsi des explorations qui exigeaient, naguère, plusieurs jours de préparation et d'exécution, de nombreux participants et un lourd matériel, ne demandent plus aujourd'hui que quelques heures à des équipes légères et réduites. Par ailleurs, parallèlement à l'explosion, ces dernières années, des activités sportives de pleine nature, on observe un accroissement considérable du nombre des spéléologues. Autrefois pratiquée presque confidentiellement par une élite de pionniers, la spéléologie se trouve

maintenant confrontée aux problèmes que pose la ruée dans les cavernes. Il est vrai que celles-ci offrent les dernières possibilités d'exploration en terrain vierge et totalement inconnu de la planète. L'attrait de l'aventure est un facteur important de ce nouvel engouement. Malheureusement le milieu souterrain est particulièrement fragile et une activité de masse ne semble pas compatible avec sa sauvegarde. Une réglementation prochaine de cette exaltante discipline est donc malheureusement prévisible, à moyen terme.

LA SAUVIE, VALLÉE DE LA VIS

circuit madières, la sauvie, grenouillet

A 64 km au Nord de Montpellier, un circuit à deux visages gravissant le causse sauvage à l'aller et musardant dans la verdure le long de la rivière au retour. Une bonne balade.

description

Le chemin démarre, à gauche de l'église puis, peu après, monte en lacets sur la droite

fiche technique

Longueur : 11 km
Dénivelé : 340 mètres
Durée : 4 h 30
Difficulté : Berges de la Vis
Période : demi-saison, hiver
Equipement : randonnée classique
Point d'eau : néant
Balisage : jaune, orange

itinéraire d'accès

Aller jusqu'à Ganges par la D-986, puis tourner à gauche vers Saint-Maurice-de-Navacelles et les gorges de la Vis. Faire 20 km environ avant d'arriver à Madières. Garer la voiture si l'on peut sur la petite place.

Carte Michelin N° : 83 pli 6
Carte IGN 1/25 000 N° : 2642 Est 2742 Ouest

La Vis.

Le château de Madières.

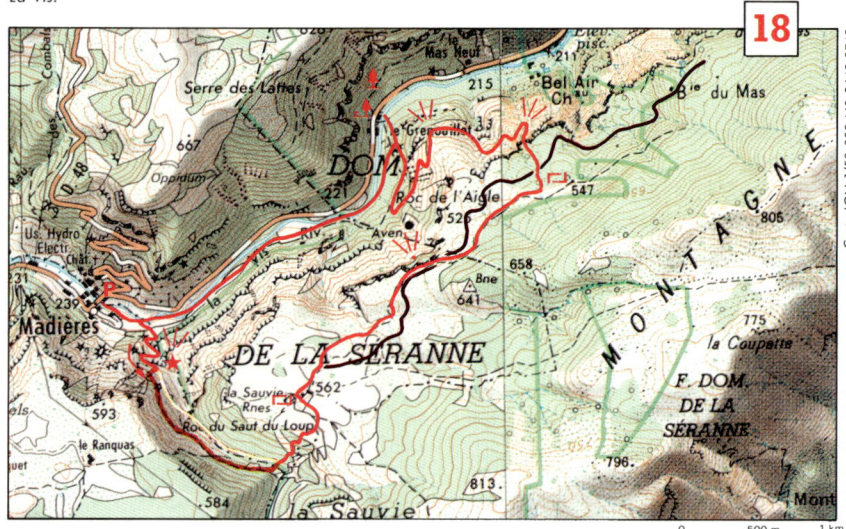

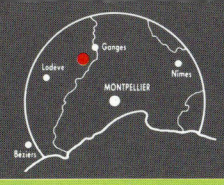
en contournant un piton rocheux sur lequel on devine les vestiges d'un ancien château. On s'élève rapidement au-dessus du ruisseau du Saut du Loup pour parvenir au roc du même nom, sorte de promontoire rocheux formant belvédère au-dessus du ravin. Le chemin continue sa montée à travers bois et, ayant été rattrapé à droite par le chemin du Ranquas, débouche, à un coude du vallon, sur un replat marquant le début de la combe des Natges. Il faudra la traverser à gauche et remonter par la draille sur l'autre versant. En quelques lacets, elle rejoint une piste juste avant la ferme ruinée de la Sauvie. Laissant cette dernière sur la gauche, on continue à travers de belles prairies jusqu'à ce qu'on prenne à gauche une autre piste. On la quittera bientôt pour s'enfoncer, encore à gauche, dans les buissons, sur un sentier parcourant un petit talweg au-dessous d'une lavogne, avant de s'écarter vers l'est en direction du bord de la falaise. On retrouve plus loin une piste récemment tracée que l'on suit sur 7 à 800 m avant de repérer à gauche le départ du chemin descendant sur Grenouillet. Il se faufile d'abord à travers bois, puis ayant débouché sur la vallée (belle vue), passe en lacets les barres rocheuses délimitant le plateau et commence sa descente très progressive jusqu'à la passerelle de Grenouillet. Les abords frais et ombragés de la maison forestière méritent qu'on s'y arrête un instant. Juste avant d'arriver en bas, on repérera sur la gauche l'embranchement de l'itinéraire de retour vers Madières remontant la rive droite de la Vis. Chemin faisant on remarquera d'anciens jardins aujourd'hui envahis par une luxuriante végétation. Attention ! cet itinéraire longeant la rivière peut devenir impraticable en période de crues.

Le village de Madières, au départ de la balade.

GORGES DE LA VIS, NAVACELLES

gorges de la vis, gourneyras, la folatière, navacelles

A 70 km au Nord-Ouest de Montpellier, une superbe balade au fond des gorges de la Vis avant de remonter sur le plateau en passant par l'un des plus beaux sites du Languedoc.

fiche technique

Longueur : 16 km
Dénivelé : 420 mètres
Durée : 6 h 30
Difficulté : longueur
Période : demi-saison, hiver
Equipement : randonnée classique
Point d'eau : Navacelles
Balisage : rouge et blanc (GR)
jaune et rouge

Carte Michelin N° : 83 pli 06
Carte IGN 1/25 000 N° : 2642 Est

itinéraire d'accès

Aller jusqu'à Ganges par la D-986, puis tourner à gauche pour passer le pont sur l'Hérault et, tout de suite après, à droite, vers Saint-Maurice-de-Navacelles par la D-25. A l'entrée du village, bifurquer à droite vers le cirque de Navacelles et garer

Le canal dans les gorges.

la voiture sur le terre-plein immédiatement après le carrefour, sur la gauche.

description

On démarre quelques dizaines de mètres plus loin, en prenant sur la droite le GR qui, passant près d'un réservoir d'eau et franchissant une clôture, rejoint le bord du plateau au-dessus des gorges de la Vis. On dégringole alors par un sentier dans la pierraille, pour rejoindre, tout à fait en bas, dans un bois de pins, une bonne piste carrossable. On la prend à gauche, en suivant les marques du GR-7. Moins de 100 mètres après, au niveau d'un gros chêne isolé au milieu d'un pierrier, il faut dévaler, à droite entre les pins, un raidillon franchissant un petit ressaut, suivi d'un éboulis. Traversant ensuite une petite pinède, il arrive au-dessus de l'exsurgence de Gourneyras. On domine alors d'une cinquantaine de mètres la vasque limpide de cette belle source. De retour sur le chemin principal, on passe à côté d'une ferme ruinée et on arrive à la belle maison du Mas du Pont entourée de cèdres. Sur la terrasse on repérera, à droite dans les buis, le départ du petit sentier qui descend au bord de la rivière. S'il n'y a pas trop de courant, on la traversera pour remonter de l'autre côté et rejoindre un affluent. Il faut alors escalader un ressaut par la droite et remonter le lit du torrent jusqu'à sa source, vers la falaise. Grimpant à travers les blocs, on arrive au splendide porche de la grotte de la Folatière, dont le pla-

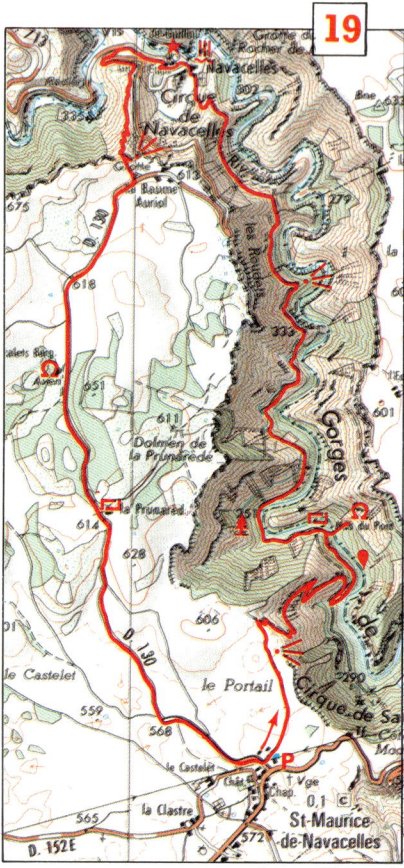

fond plat s'illumine lorsque le soleil de l'après-midi y pénètre. On revient à la maison forestière et, poursuivant le GR, on commence un beau parcours suivant les méandres de la Vis, avec de belles échappées sur la rivière et les falaises de la rive opposée. Au bout d'un moment, on rejoint le canal d'alimentation de la centrale électrique de Madières ; on le longe en remontant les gorges jusqu'à un éboulement, au bout de la piste carrossable. On continue sur un sen-

HERAULT
Gorges
de la Vis

tier qui grimpe un peu plus loin en lacets sur la gauche, pour reprendre un itinéraire en palier à mi-pente, une centaine de mètres au-dessus du canal. On laisse sur la droite un premier sentier descendant vers d'anciennes prairies, puis on atteint une faille faisant apparaître un bel exemple de plissement ; on laisse un autre sentier descendre à droite et, après avoir franchi une croupe, on découvre tout à coup le site admirable du cirque de Navacelles. Au village, on passe auprès de la cascade et, remontant la rivière, on découvre un beau pont roman. Un peu avant ce dernier, on remontera vers l'église et le village-haut par une ruelle débouchant sur la route, au-dessus. On la traverse et après avoir contourné le pâté de maisons par la droite, on trouve un sentier balisé en rouge et jaune qui, après avoir retraversé la route, remonte la crête avant de grimper sur le plateau. On se retournera de temps en temps pour admirer le cirque qui devient de plus en plus beau au fur et à mesure que l'on s'élève ; il atteint son point d'orgue en bordure de plateau, au belvédère de la Baume Auriol. A partir de là, les agriculteurs, propriétaires de toute cette partie du causse, ont tout clôturé et fermé les chemins pour le pacage du bétail. Faute d'itinéraire parallèle, on reviendra vers le point de départ en prenant à droite et en suivant sur 5 km la jolie petite route de Saint-Maurice-de-Navacelles qui passe par la belle ferme de la Prunarède. Si l'on est particulièrement discret, on pourra peut-être revenir par l'ancien tracé du GR en bordure du plateau. Cependant, étant donné que cet itinéraire passe sur des terrains privés et clôturés, il n'est proposé que sous l'entière responsabilité des personnes qui l'emprunteront.

La cascade de Navacelles et le porche de la grotte de la Folatière.

LA FOUX DE LA VIS
résurgence de la vis

A 85 km au Nord-Ouest de Montpellier,
à deux pas du célèbre cirque de Navacelles,
une des plus spectaculaires sources de la région jaillissant
près d'un ancien moulin au fond d'une gorge mystérieuse.

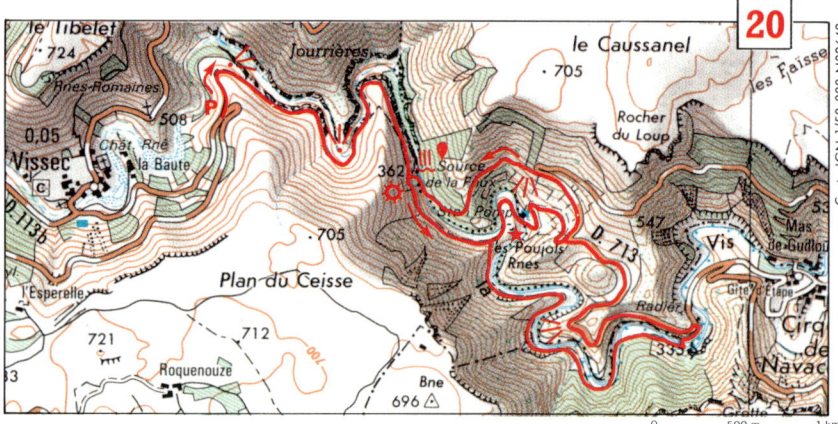

Carte IGN 1/50 000 N°2642

fiche technique

Longueur : 12 km
Dénivelé : 150 mètres
Durée : 4 h 30
Difficulté : néant

Carte Michelin N° : 83 pli 05-06
Carte IGN 1/25 000 N° : 2642 Est

Période : demi-saison hiver
Equipement : randonnée classique
Point d'eau : résurgence non potable
Balisage : bleu

itinéraire d'accès

Aller jusqu'à Lodève par la N-109 et continuer au-delà en direction du Caylar et Millau sur 4,5 km environ avant de tourner à droite sur la D-25 vers St-Pierre-de-la-Fage et Ganges. 3 km après St-Pierre-de-la-Fage, prendre à gauche la petite D-152 puis la D-152e et la D-113 en direction de Vissec. Garer la voiture dans le dernier virage à gauche en épingle à cheveux, ou un peu après, 2 km avant d'arriver à Vissec.

description

Du virage où l'on a laissé la voiture, continuer la route vers Vissec sur 150 mètres environ. Le chemin démarre, à contresens, à droite en contrebas, dans un tournant à gauche. Commence alors une agréable et très progressive descente en suivant les méandres sinueux du lit asséché de la Vis. Petit à petit, cette dernière s'enfonce dans un surcreusement du canyon et le chemin se poursuit donc, dans les genêts, en balcon au-dessus d'une gorge profonde. A hauteur d'une belle forêt de cèdres visible sur l'autre rive, nous percevons un grondement sourd qui grandit à chacun de nos pas. On quitte alors momentanément le chemin qui se poursuit, pour descendre, à travers les buis, jusqu'aux belles ruines du vieux moulin (XVIIIe) édifié sur la résurgence. L'eau jaillit en écumant entre deux strates de la roche puis, passant en siphon sous un

Ruines de Poujols.

L'ancien moulin.

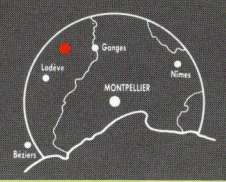
pont naturel, s'assagit en aval dans un étroit corridor moussu. Revenus rive droite sur le chemin principal, on poursuit notre randonnée le long de la rivière qui coule maintenant dans une luxuriante verdure : chênes blancs, hêtres, érables, etc. On arrive à un vaste replat autrefois cultivé au milieu duquel s'élèvent les ruines de la ferme des Poujols. Cerné par un méandre très fermé de la Vis, le site est admirable. Si l'on désire raccourcir la balade, et selon le débit de la rivière, on pourra la traverser à cet endroit par un passage à gué au prix d'une petite désescalade à hauteur d'une station de pompage visible sur l'autre rive et rejoindre la route par une piste de terre. Si le débit est trop important, on continuera, de toute façon avantageusement, par l'itinéraire normal sur un très agréable sentier le long de la rivière. Ce dernier, passant tantôt au bord de l'eau, tantôt en balcon un peu en hauteur, conduit 2,5 km plus loin à un barrage sur une prise d'eau. A cet endroit, on passe sur l'autre rive et on rejoint la route de Blandas à Navacelle. On remonte cette dernière à gauche sur 2 km pour trouver le débouché du raccourci obtenu grâce au passage à gué et, 500 mètres après, on arrive à un virage à droite très serré à l'extérieur duquel démarre le sentier de retour vers la Foux de la Vis. Cet itinéraire environné de cèdres, de pins et d'arbousiers a un petit côté exotique très pittoresque. On suit pendant un moment une strate avant de redescendre progressivement vers le moulin de la source. La boucle est bouclée, et on revient à la voiture en prenant dans l'autre sens le chemin de l'aller.

Remarque : traversée à gué dangereuse en période de hautes eaux.

Le Cirque de Navacelle et la pureté de la Vis à sa résurgence.

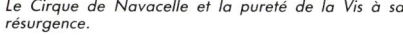

LES ROCHERS DE LA TUDE ET LE PIC D'ANJEAU

circuit rochers de la tude, pic et grotte d'anjeau

A 60 km au Nord de Montpellier,
une superbe randonnée sportive et variée
avec quelques passages en escalade facile lui donnant
une petite saveur alpine.

fiche technique

Longueur : 15 km
Dénivelé : 300 mètres
Durée : 6 heures
Difficulté : escalade facile
Période : demi-saison, hiver
Equipement : randonnée classique
Point d'eau : néant
Balisage : Orange, bleu et vert

Carte Michelin N° : 83 pli 6
Carte IGN 1/25 000 N°:2641-42/E, 2741-42/0

itinéraire d'accès

Aller jusqu'à Ganges par la D-986 et prendre à gauche le pont sur l'Hérault en direction de Navacelles par la D-25 et les gorges de la Vis. 5 km après Ganges, tourner à droite vers Saint-Laurent-le-Minier et continuer vers Montdardier par la D-113. Garer le véhicule sur la petite place derrière l'Auberge de la Forêt.

description

Sortir du village vers Rogues et prendre la petite route qui grimpe à gauche (Vierge). 150 m après, s'engager sur la piste balisée en orange qui remonte à gauche dans la forêt. Négligeant les autres pistes, on tourne en épingle à cheveux à droite, puis à gauche et, une fois sur un palier avant la descente, suivant le balisage, on quitte la piste pour s'engager à droite sur un sentier qui monte très progressivement à travers bois. Après deux lacets on arrive sur un replat, et abandonnant momentanément le chemin balisé, on franchit la crête par un chapelet

Le porche de la grotte d'Anjeau.

de jolies clairières herbeuses. Sur l'autre versant on peut faire un petit détour à droite pour bénéficier d'un point de vue sur le causse de Blandas ; le regard est séduit par cette grande étendue calcaire aux nuances pastel. Après quoi, revenant sur nos pas on retrouve le balisage orange. La balade se poursuit agréablement tantôt à travers bois, tantôt à découvert jusqu'aux sommets des deux rochers de la Tude (alt. 895 m). D'en haut se déroule un large panorama vers l'Est. On descend ensuite dans la forêt vers le col de la Baraquette situé au Sud, juste en contrebas. Le cheminement fait des montagnes russes en suivant la crête et nous réserve quelques passages aériens. On arrive ainsi laborieusement à une brèche, au pied même du Pic d'Anjeau. Toujours en suivant le balisage, on en attaque l'ascen-

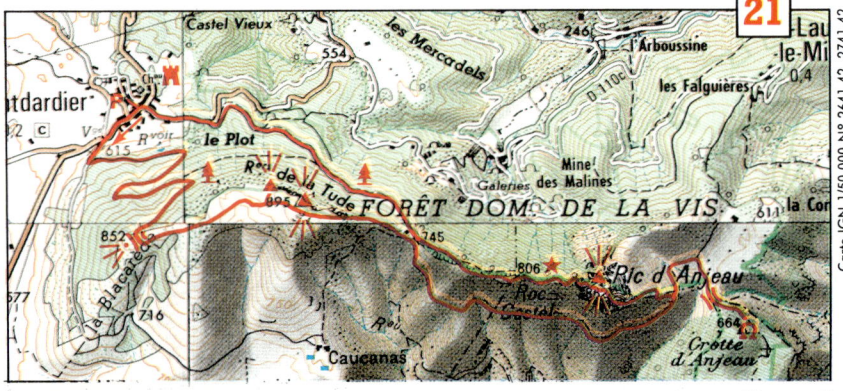

Carte IGN 1/50 000 N° 2641-42, 2741-42

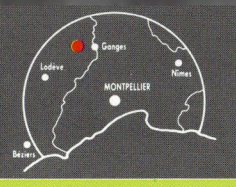

sion par une petite escalade dans les rochers. Du sommet (alt. 862 m) on jouit d'une remarquable vue circulaire englobant, en partant du Nord et vers la droite, le massif de l'Aigoual, les Cévennes, le Vigan, le lac de boue de la mine des Malines, la montagne de la Fage, la chaîne de la Séranne, et le causse ; le Puech d'Anjeau abritait une masure, ancienne chapelle de Saint-Michel à laquelle était joint un ermitage connu dès le XIIe siècle. On redescend de l'autre côté dans le « bartas » en suivant cette fois un balisage bleu. Le sentier déboule sur une piste devant un portail que l'on contourne facilement. On en rejoint une autre qu'il faut prendre à droite pour atteindre le col d'Anjeau. De là, on fait encore une centaine de mètres avant de prendre à droite un chemin marqué de plusieurs balisages. 50 mètres plus loin à peine, il faut trouver un autre sentier à droite, très peu visible dans l'épaisse végétation. Traversant une ancienne charbonnière il débouche brusquement sur le porche mystérieux de la grotte d'Anjeau. Avec une lampe de poche, on pourra faire le tour des premières salles de cette vaste caverne richement concrétionnée. On revient sur nos pas jusqu'au portail de tout à l'heure. On suit alors sur 500 m la piste qui contourne le Pic d'Anjeau, puis on la quitte pour bifurquer vers la droite sur un sentier légèrement remontant (balisage vert). En serpentant à flanc de montagne, il nous ramène au col de la Baraquette. De là, il suffit de redescendre sur le versant Nord des rochers de la Tude vers la D-113 et de rejoindre Montdardier par le chemin forestier en laissant toutes les pistes de gauche.

Le sentier longe la crête jusqu'au Pic d'Anjeau, au pied duquel le lac des Malines étale sa boue.

Sur la crête du Roc Castel.

UN PANIER DE CHAMPIGNONS

Dans les garrigues, la période de récolte des champignons est courte en raison de la sécheresse. Il faut compter avec les pluies d'automne pour les voir émerger des feuilles et des aiguilles de pin. C'est essentiellement dans les pinèdes et les chênaies que l'on pourra faire des récoltes relativement abondantes. Dans la forêt de Montarnaud, sous les pins d'Alep, on peut remplir un panier avec les lactaires délicieux (au gril). Caché dans l'herbe, au pied des ombellifères, particulièrement des panicauts, le pleurote s'insère sur les racines de son hôte. Célébré pour sa délicatesse, on le trouve en fin d'été et à l'automne dans les causses. Les femmes le ramassaient au lever du soleil en tricotant.

Bien entendu, le genre boletus fera les frais de l'appétit féroce des mycophages et le cèpe de Bordeaux sera particulièrement pisté sous les jeunes épicéas, mais aussi au milieu des bruyères et sous les chataîgniers. Excellentes, quand elles sont jeunes, les nonnettes voilées font la joie des amateurs qui ont pris la précaution de retirer la cuticule visqueuse du chapeau avec des gants. Le tricholome prétentieux ou charbonnier fait, à l'Aigoual, sous les jeunes résineux, l'objet d'un ramassage intensif, voire parfois d'un ratissage destructeur. Très récolté, le tricholome terreux, ou griset, vient en abondance dans la litière des aiguilles de pins sylvestres, en montagne et dans les causses (de novembre aux premières neiges). L'agaric champêtre, ou rosé des prés, se cueillent dans les clairières herbeuses (au printemps et à l'automne). On trouve la morille en terrain alluvial, au bord de la Buèges et de la Vis, mais aussi sur les berges des ruisseaux, autour de Camprieu (printanière). Sous terre, sous les chênes verts et les pubescents

prolifèrent assez souvent des truffes, ces « enfants des dieux et de la terre ». Ces diamants noirs sont détectés soit par des mouches, dont la larve vit aux dépens du champignon, soit par un porc ou le plus souvent par un chien truffier. Saint-Guilhem en produisait 150 à 250 kg/an.

Remarque : s'il est un geste à proscrire, c'est bien le coup de pied aux champignons qui détériore le cycle et prive d'une récolte les connaisseurs qui l'auraient précieusement ramassé. D'autre part, un champignon ne s'arrache pas, il se cueille en prenant soin d'en couper la base avec un couteau.

VERS LES HAUTS, POLYCULTURE ET ELEVAGE

Les garrigues, causses et massifs montagneux s'activent sur tous les fronts pour mettre en valeur une terre ingrate. La montagne est avare ; elle n'offre que de vagues îlots qui permettent un assolement habituel à base de céréales. L'artisanat traditionnel associé à la ferme autarcique refait surface. L'élevage, les cueillettes, la chasse et la pêche complètent les ressources.

Dans les Cévennes il n'est pas rare de rencontrer des mas au toit plat entourés de mûriers, ces « arbres d'or » originaires de Chine. Ce sont là les témoins de la grande épopée de la soie. La sériciculture a prospéré en France méridionale pendant cinq siècles jusqu'à ce que la concurrence de l'acétate et l'extension de la vigne aux dépens du mûrier l'amènent au bord de l'asphyxie. Elle redémarre doucement grâce à un mûrier japonais merveilleusement adapté au climat méditerranéen. A l'étage supérieur, on trouve le châtaignier si généreux qu'on le désignait par le nom d'arbre à pain. Rien d'étonnant dès lors à ce que

la maladie de l'encre qui le frappa mortellement n'ait accéléré l'exode des hautes terres. Plus haut encore, hêtraies et sapinières témoignent des reboisements sans lesquels la forêt cévenole ne serait plus.

C'est le garde général des Eaux et Forêts, Georges Fabre, qui en donna l'impulsion à la fin du XIXe siècle et qui pendant plus de 30 ans fut l'âme de cette opération. Au pied des terres austères et froides, des bassins bien abrités, secs et ensoleillés ont conservé une population agricole qui sait diversifier ses moyens de subsistance pour résister. Le lait des quelque 60 000 brebis cévenoles contribue à la production d'un célèbre fromage : le roquefort. L'industrie lainière a un rendement moindre qu'autrefois. Par contre l'économie du pays se complète de façon appréciable de l'apport du fumier de bergerie pour la vigne. L'élevage ovin donne lieu selon les nécessités du pâturage a un très important mouvement saisonnier, la transhumance. Autrefois à pied, par des drailles millénaires, des chemins parfois

périlleux, les déplacements ne se font plus guère qu'en bétaillère, ce qui est moins pittoresque. Reconnue coupable de déforestation, la chèvre fut longtemps interdite, elle fournit aujourd'hui grâce à son lait un fromage réputé, le pelardon. Avec la vigne, l'abeille et le mouton, l'olivier représente la tétralogie des Géorgiques de Virgile : ses usages sont multiples : très employé en menuiserie, dans l'industrie du souvenir, son bois fournit aussi un excellent combustible. Ses fruits donnent une huile dont les qualités diététiques ne sont plus à vanter.

Murier

CHATEAU de MONTCALM

UNE MAISON DE VACANCES CONFORTABLE
à la portée de tous,
dans un petit village tranquille du Sud des Cévennes.
Située au cœur d'un réseau de chemins de randonnées,
son ambiance familiale et ses activités vous séduiront.

AVEZE - LE VIGAN - 67.81.04.78

GITES DE FRANCE

RENSEIGNEMENTS :
Chambre d'Agriculture
Place Chaptal - 34076 Montpellier Cedex
Tél. : 67.92.88.00
Service Réservation du Relais
Tél. : 67.58.09.90

Vacances en confiance

**Pour vos balades des week-ends
et vos séjours, pensez aux gîtes ruraux
et gîtes d'étape, campings à la ferme,
chambres d'hôtes et fermes auberges.**

LES VILLAGES DU VIGANAIS

circuit des villages du viganais

A 65 km au Nord de Montpellier, un pittoresque circuit passant du calcaire des Causses au schiste des Cévennes et traversant trois villages typiques.

fiche technique

Longueur : 10 km
Dénivelé : 370 mètres
Durée : 4 heures
Difficulté : néant
Période : toutes saisons
Equipement : randonnée classique
Point d'eau : fontaines villages
Balisage : jaune - PR N° 28

Carte Michelin N° : 80 pli 16
Carte IGN 1/25 000 N° : 2641 Est

itinéraire d'accès

Aller jusqu'à Ganges par la D-986, puis continuer vers le Vigan par la D-999. Traverser l'agglomération par la voie-express vers Millau et Alzon et 1 km après le carrefour de la D-48 vers l'Espérou et l'Aigoual, tourner à droite pour monter à Molières-Cavaillac. On peut se garer sur un terre-plein, à droite, juste au-dessous du village ou bien dans le centre sur la petite place du monument aux morts.

description

On sort du village, côté Sud, par une ancienne porte. En suivant le balisage jaune, on s'engage sur un chemin qui monte vers la droite (belle vue sur le causse de Blandas en face). Traversant d'anciennes cultures en terrasses (bancels), on bifurque brus-

quement à droite sur un autre chemin qui se faufile entre deux murets de pierre sèche.

Commence alors une montée très progressive à flanc de montagne, en direction d'Esparon. On traverse un bois de chênes, puis le sentier se stabilise un moment en palier avant de reprendre sa montée en vue du rocher ruiniforme derrière lequel s'abrite

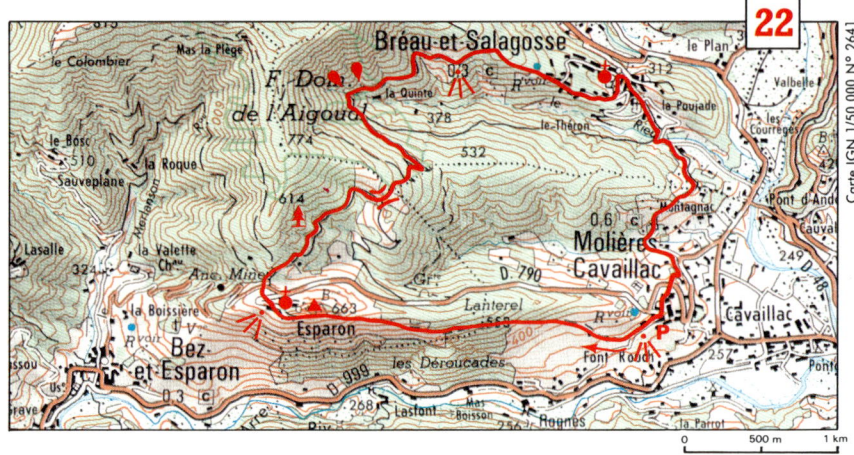

Château d'Assas.

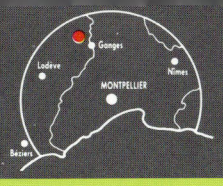

le village. On y entre par une étroite ruelle après avoir traversé un lacis de murets éboulés. On pourra grimper vers l'église par le versant nord. Après le village, on redescend vers le petit col où passe la route. A partir de là, le paysage change : le schiste succède au calcaire et le châtaignier au chêne vert. On s'engage sur une piste qui part vers la droite dans les bois à flanc de montagne. Toujours en suivant le balisage jaune, doublé de jaune et rouge, on passe par-dessus une croupe, puis on quitte la piste pour descendre sur la droite mais on la reprend, à gauche, un peu plus bas. A peu de temps de là, on laisse cette piste tourner à droite pour continuer tout droit sur un sympathique chemin forestier. Passant par le fond du vallon où coule le ruisseau limpide du Souls, il rejoint à flanc de montagne les premières maisons du village de Bréau-et-Salagosse. A partir de là, il faut prendre à gauche vers la place du village et au fond de celle-ci descendre la ruelle en retrait à droite. On tombe sur une petite route que l'on descend sur 5 mètres avant de retrouver le chemin balisé qui continue à droite en contrebas. On reprend la route pour la deuxième fois et après un pont, on oblique à droite sur le chemin qui passe entre un atelier de mécanique et une menuiserie. On poursuit en contournant une maison, puis on passe sur l'autre versant. De là, il faut descendre tout droit, d'abord le long d'une haie, puis à travers bois et finalement dans un talweg le long d'une propriété, pour rejoindre une petite route. On passe le ruisseau à côté d'un joli pont puis, un peu plus loin, on remonte sur la droite vers le village de Molières-Cavaillac par un chemin de traverse entre les maisons.

Le village d'Esparon.

A 100 km au nord de Montpellier, une splendide balade pélerinage menant à travers bois à un belvédère de granit dominant la haute vallée de l'Arre.

fiche technique

Longueur : 7 km
Dénivelé : 200 mètres
Durée : 3 h
Difficulté : néant
Période : printemps, été, automne
Equipement : petite randonnée
Point d'eau : sources versant Sud
Balisage : GR rouge et blanc

Carte Michelin N° : 80 pli 15
Carte IGN 1/25 000 : 2641 Est

itinéraire d'accès

Prendre la D-986 jusqu'à Ganges puis continuer vers le Vigan par la D-999. Monter alors par la D-48 en direction de l'Espérou jusqu'au col du Minier. A partir de là, prendre à gauche la route forestière du Lingas et la poursuivre sur 7 à 8 km jusqu'au col de l'Homme Mort. Garer le véhicule au terminus goudronné à hauteur du carrefour avec une piste forestière partant sur la gauche.

description

Partant à l'opposé de la piste de gauche, on trouvera à droite le départ du sentier indiqué GR-71 La Barrière N-99 3 h 30, Alzon 3 h 15 et GR-66 Tour de l'Aigoual Dourbie 3 h. Un court cheminement à tra-

vers les sapins rejoint la piste forestière du St-Guiral que l'on prend à gauche. Un parcours très agréable de 3,5 km, dans une magnifique forêt de hêtres, conduit à la croisée de 3 pistes. Un écriteau « Sommet du St-Guiral 1366 m à 15 mn » balise le départ d'un chemin qui grimpe autour du pic jusqu'à un col herbeux nommé « Pré de l'Ermite ». Un itinéraire facile avec des marches taillées dans la masse du granit per-

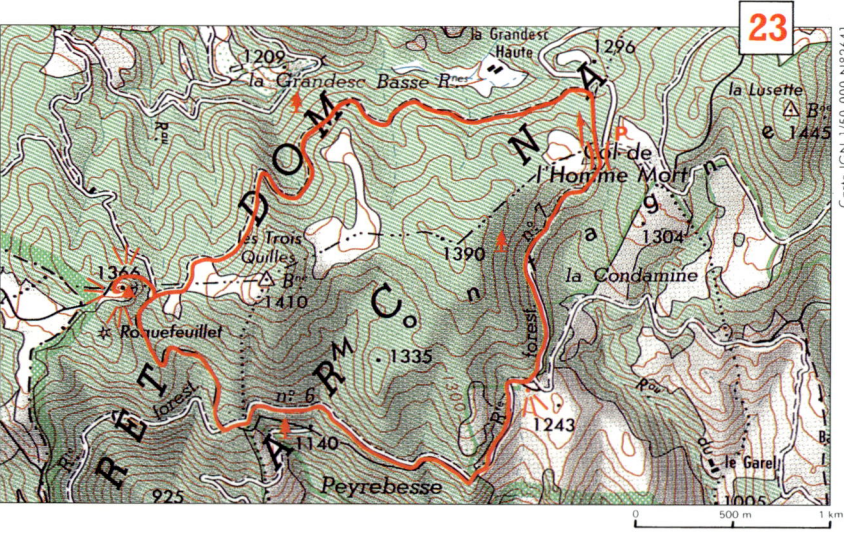

23

Carte IGN 1/50 000 N°2641

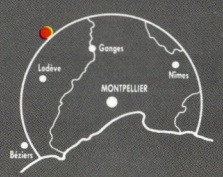

met d'accéder au sommet du piton rocheux d'où l'on découvre un panorama remarquable. Par temps clair, la vue s'étend vers le Sud et l'Ouest jusqu'à la mer et aux Pyrénées, avec au premier plan le Larzac, le causse de Blandas et la vallée de la Vis. Au Nord, le regard plonge dans la vallée de la Dourbie, avec au Nord-Est le sommet du Mont-Aigoual.

On revient sur ses pas jusqu'au carrefour. A cet endroit, quitter le GR et prendre le chemin qui descend à droite ; il rejoint, 1 km plus bas, la piste forestière qui remonte, en face au carrefour, vers le col de l'Homme Mort par un très beau parcours boisé à flanc de montagne. Environ 2 km avant le col, une zone de pâturage au milieu des genêts ouvre la vue sur les reliefs entourant Aumessas. Les derniers kilomètres se font en forêt. En hiver, ce circuit peut se pratiquer à ski de fond ou à pied, soit à partir de la vallée de la Dourbie en montant par la D-299b et la RF-8, en passant par le Prunaret, Pratlac et le Mas Palitre, soit par un itinéraire plus long représentant un véritable raid au départ du col du Minier.

Le culte de St Guiral ou St Guéraud (855-918), fondateur de l'abbaye bénédictine d'Aurillac, était célébré chaque année à la belle saison par les Cévennols des environs qui montaient en procession au sommet du pic où, soit disant, reposent les reliques du saint. A l'ombre des hêtres les hommes cueillaient la « Caoumegno », renoncule à feuille d'aconit, capable d'assurer la fécondité des animaux. Pendant ce temps, les femmes et les enfants se mettaient en quête de « Pé de cat » (pied de chat), plante pectorale que l'on préparait en tisane.

Le Rocher du St-Guiral et les environs d'Aumessas.

LE LAC DES PISES
circuit sur les monts du lingas

A 90 km au Nord-Ouest de Montpellier, une des balades les plus rafraîchissantes lorsque la canicule paralyse la plaine et, l'automne venu, un paradis pour les amateurs de champignons.

des Portes. Elle monte progressivement dans une belle forêt de conifères et de hêtres mélangés et, après deux lacets, passe une ligne de crête avant de recouper une autre piste au niveau d'une cabane. Poursuivant

fiche technique

Longueur : 14 km
Dénivelé : 120 mètres
Durée : 5 heures
Difficulté : néant
Période : été, demi-saison
Equipement : randonnée classique
Point d'eau : néant
Balisage : rouge et blanc (GR)

Carte Michelin N° : 80 pli 16
Carte IGN 1/25 000 N° : 2641 Est

La prairie près de la baraque de Pialot.

itinéraire d'accès

Prendre la D-986 jusqu'à Ganges, continuer vers Le Vigan par la D-999 et, de là, monter en direction de l'Espérou par le col du Minier. Arrivé au col, garer le véhicule, à gauche au départ de la route forestière du Lingas.

description

On commence la balade en suivant cette route 800 mètres, puis on prend la première piste forestière à gauche, balisée pour le VTT et la randonnée équestre. Après un petit abri, on arrive à un carrefour d'où débouchent sur la droite les GR 71 et 66. Ils utilisent la route forestière N° 7 que nous empruntons, tout droit, en direction du col

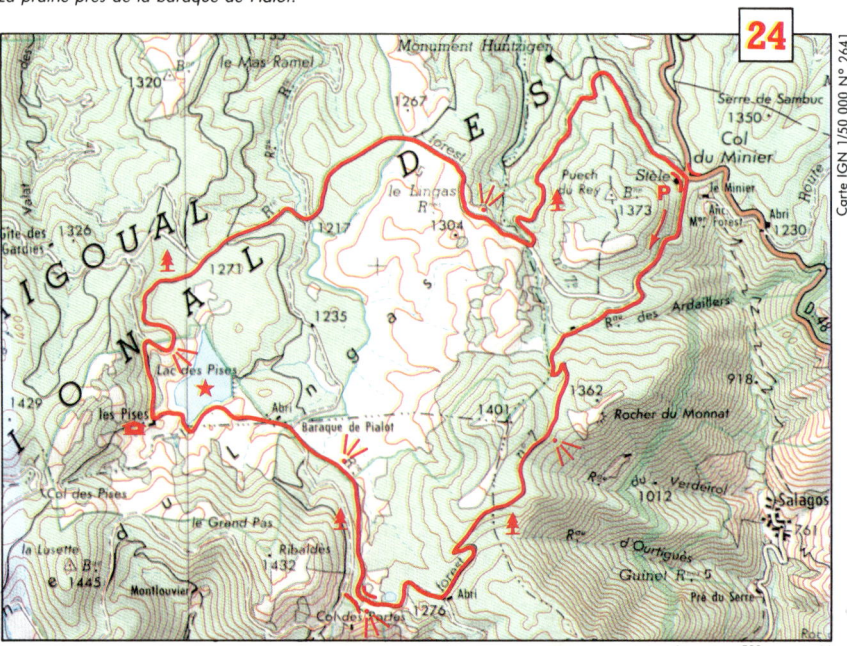

Carte IGN 1/50 000 N° 2641

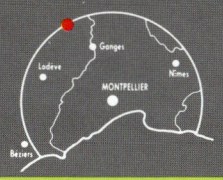
à droite, on sort de la forêt, juste avant d'arriver au petit étang du col des Portes. Puis on abandonne sur notre gauche les GR 71 et 66. On pénètre de nouveau dans la forêt pour en ressortir peu après et longer, en lisière de bois, une splendide prairie irriguée par de nombreux ruisseaux peuplés de truites. On laisse une autre piste remontant à gauche avant d'arriver au carrefour de la « Baraque de Pialot ». Il faut alors prendre le chemin qui s'engage à gauche dans une zone protégée et qui remonte vers le barrage du verdoyant lac des Pises. De là, pour rejoindre la maison du même nom, de l'autre côté du plan d'eau, on pourra au choix continuer à gauche, ou bien, après avoir traversé le torrent à gué sous le barrage, contourner le lac par la droite en suivant la berge. La maison des Pises est une ancienne ferme appartenant au Parc National des Cévennes ; elle abrite actuellement un observatoire de la Société astronomique de Montpellier. Le biotope de la zone est protégé et surveillé. On continue plein Nord dans les bois à droite du bâtiment. Peu après, on recoupe un chemin que l'on prend à droite. Ayant fait une large boucle au-dessus du lac, on rejoint et on poursuit à droite la route du Lingas, à travers de magnifiques forêts. On traverse un pont, puis, remontant légèrement, on débouche sur une vaste étendue herbeuse avec, un peu plus loin, une belle échappée à gauche sur le mont Aigoual. Au moment où la route rejoint la forêt, il faut prendre, à gauche le chemin forestier qui la recoupe (Nous retrouvons les GR 66 et 71). On continue en forêt, puis laissant de nouveau les GR dégringoler à gauche vers l'Espérou, notre chemin s'infléchit à droite pour rallier le Col du Minier.

Le col des Portes.

LES CASCADES D'ORGON

circuit cap de côte, orgon, col de la luzette

A 70 km au Nord de Montpellier, cette curiosité pointée sur toutes les cartes est le point d'orgue d'une splendide balade dans le massif de l'Aigoual réunissant points de vues dégagés et parcours en forêts.

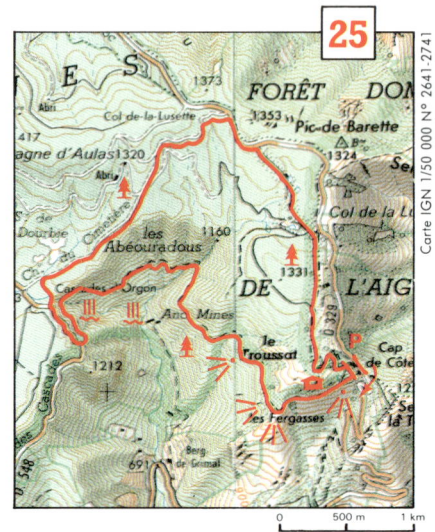

Carte IGN 1/50 000 N° 2641-2741

fiche technique

Longueur : 9,5 km
Dénivelé : 300 mètres
Durée : 3 h 30
Difficulté : néant
Période : été demi-saison
Equipement : petite randonnée
Point d'eau : sources versant Sud
Balisage : rouge-jaune, rouge-blanc GR

itinéraire d'accès

Prendre la D-986 jusqu'à Ganges, puis continuer en direction du Vigan par la D-999. 1,5 km après Pont-d'Hérault, au lieu-dit le Rey, tourner à droite sur la D-329 vers Mandagout et l'Espérou par le col de la Luzette. 2,5 km avant d'arriver à ce dernier, on arrive au gîte d'étape de Cap de Côte. Garer la voiture au parking juste au-dessus.

Carte Michelin N° : 80 pli 16
Carte IGN 1/25 000 N° : 2641 Est 2741 Ouest

description

Passer devant la maison du gîte pour trouver le départ du sentier balisé en rouge et jaune. Celui-ci commence par descendre légèrement vers l'Ouest à travers une zone à découvert, dégageant une belle vue sur la région du Vigan et, au-delà, sur le Causse de Blandas et le Pic St-Loup. On passe devant une source puis, quelques centaines de mètres plus loin, le sentier franchit un éperon de la montagne pour immédiatement s'engager, à droite, dans le vallon encaissé du Coudoulous. De ce point, on aperçoit, au loin, les cascades d'Orgon. Le confortable sentier muletier, souvent assis sur un mur de soutènement, poursuit sa lente descente et pénètre maintenant dans une belle hêtraie. On a, par moments, de jolies

Les cascades vues depuis le sentier.

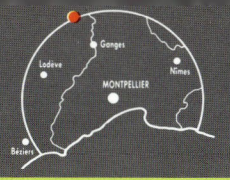
échappées sur la grande cascade de 35 mètres. Passé un nouveau promontoire rocheux, le chemin s'engage dans un ravin où coule un affluent du Coudoulous. Une fois au fond, on passe le torrent à gué et on revient vers les cascades par l'autre versant. Peu après, à la cote 1 086 m, on laisse sur la gauche un chemin balisé par des flèches bleues qui permet de rejoindre les anciennes mines situées en contrebas. Puis on arrive à un nouvel embranchement, peu visible celui-là, mais signalé par une croix rouge et jaune, barrant le chemin principal. Il faut alors sortir du sentier et descendre vers la passerelle jetée sur le torrent. On remonte de l'autre côté par un raidillon en lacets pour retrouver l'ancien chemin, en bordure d'un vaste effondrement ayant emporté tout le fond du talweg. De ce point, on a une vue intéressante sur le site avec, tout à fait en haut, se détachant sur le ciel, la passerelle qui enjambe la première cascade. Ayant rejoint la route en quelques minutes, on la remonte sur 500 mètres pour trouver, à droite, le sentier touristique des cascades d'Orgon conduisant à la fameuse passerelle. On remonte maintenant le Coudoulous, on passe à côté d'un petit barrage et on retrouve une piste immédiatement recoupée par le chemin dit « du Cimetière ». Le prenant à droite, on s'enfonce dans une belle forêt d'épicéas et de hêtres mélangés ; poursuivant tout droit au-delà d'un carrefour en patte d'oie, on rejoint le GR 60 débouchant sur notre gauche et on retombe sur la D-329 à 200 mètres du col de la Luzette. On fait 350 mètres sur la route avant de suivre, à droite, sur la draille, le GR qui revient tout droit dans la forêt vers Cap de Côte.

Descente sportive de la grande cascade.

LES CASCADES DE L'HERAULT
sources de l'hérault

A 93 km de Montpellier, une courte approche d'un site sauvage à la source même de l'Hérault, particulièrement spectaculaire au printemps, juste après la fonte des neiges.

L'eau cristalline des sources de l'Hérault.

Sommet du Mont-Aigoual en hiver.

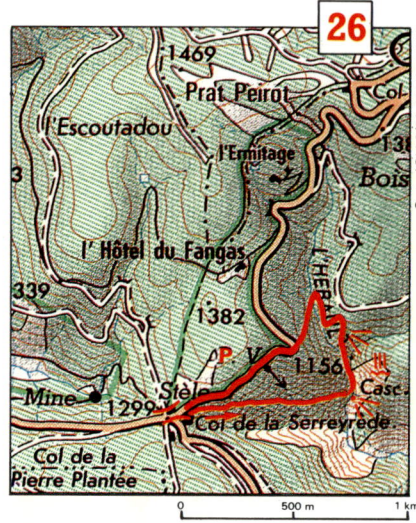

Carte IGN 1/50 000 N°2640

fiche technique

Longueur : 2 km
Dénivelé : 150 mètres
Durée : 1 h 15
Difficulté : passages vertigineux
Période : demi saison été
Equipement : randonnée classique
Point d'eau : Fontaine Col de la Serreyrède
Balisage : bleu
Carte Michelin N° : 80 pli 16
Carte IGN 1/25 000 N° : 2640 Est

itinéraire d'accès

Prendre la D-986 jusqu'à Ganges, continuer vers le Vigan la D-999. A Pont-d'Hérault tourner à droite vers Valleraugue et l'Espérou par la D-986. Dans l'Espérou tourner à droite vers le Mont-Aigoual et monter sur 2 km. On arrive au Col de la Serreyrède, point de départ de la balade.

description

Très jolie petite balade d'une heure dans un décor sauvage. Le départ du sentier est peu visible. Il est situé sur le bord droit de la route qui monte à l'Aigoual, une quarantaine de mètres après la maison forestière, un peu avant un poteau électrique en béton et 10 mètres avant une pancarte indiquant « Promenades des cascades de l'Hérault, durée 80 mn ». Le sentier, qui ne figure pas sur la carte IGN, commence par traverser en biais une petite prairie et pénètre aussitôt dans la forêt de hêtres ; très vite le cheminement serpente à flanc de montagne de plus en plus pentue. Bien qu'il ne présente pas de grandes difficultés, hormis quelques passages glissants, il convient de bien tenir les enfants « en laisse » car la pente est raide et donne sur le précipice. On a par moments une jolie vue sur le versant opposé, vers l'Espérou. On atteint un promontoire rocheux dominant le ravin et la haute vallée de l'Hérault. Peu avant ce point, une discrète bifurcation monte en raidillon sur la droite en revenant du belvédère. On passe un petit ressaut en escalade facile mais toujours exposé au-dessus du précipice puis, après avoir franchi un petit épaulement, on découvre les cascades de l'Hérault qui bondissent avec fracas dans le ravin. La balade se poursuit en remontant un torrent qui dégringole aussi en cascades et que l'on rejoint dans son cours supérieur. Le sentier s'élargit alors en une vague piste forestière. Peu après le passage d'un ruisseau, on remonte à gauche une autre piste tout aussi imprécise. On retrouve alors la route qui monte à l'Aigoual et qui nous ramène au col de la Serreyrède, en la descendant sur un petit kilomètre.

Vue générale sur les cascades.

LE VAL DU BONHEUR
circuit

A 100 km au Nord de Montpellier, au cœur des forêts de l'Aigoual, une très agréable randonnée passant par une ancienne abbaye et un haut lieu de la spéléologie.

fiche technique

Longueur : 15 km
Dénivelé : 455 mètres
Durée : 5 h 30
Difficulté : néant
Période : été demi-saison
Equipement : randonnée classique
Point d'eau : Col de la Serreyrède
Balisage : rouge et blanc GR

Carte Michelin N° : 80 pli 15-16
Carte IGN 1/25 000 N° : 2640 Est

itinéraire d'accès

Prendre la D-986 jusqu'à Ganges et continuer, au-delà, vers le Vigan par la D-999. A Pont-d'Hérault, tourner à droite vers Valleraugue et l'Espérou par la D-986. A l'Espérou, prendre à droite sur 2 km vers le Mont Aigoual jusqu'au col de la Serreyrède, puis redescendre vers Camprieu. Continuer en laissant le village à gauche, et prendre la première route à droite vers le Devois. Garer le véhicule près du gîte d'étape au bord du lac.

description

Du gîte d'étape, avancer sur la route goudronnée prolongée par la piste qu'emprunte le GR-62 et qui file tout droit à travers prés.

Le chemin passe devant la ferme de la Baraque Neuve, puis traverse le Bonheur pour continuer rectiligne en lisière d'une belle forêt d'épicéas. On dépasse d'une centaine de mètres la Baraque Vieille et, abandonnant le GR avant un premier virage à droite, on oblique à gauche à travers prés en franchissant une barrière par un petit portillon (Ne pas oublier de le refermer). On traverse la rivière à gué et on continue jusqu'aux ruines de l'ancienne abbaye de Bonahuc (XIe siècle). L'ayant contournée en passant au-dessus, on traverse un ruisseau, et on récupère le sentier (ancien tracé du GR) qui continue à travers prés et genêts en suivant une ligne électrique. Il pénètre dans les bois, passe au-dessus d'une ancienne mine de plomb et, après avoir franchi un autre ruisseau, rejoint le GR qui grimpe allègrement, droit dans la pente, vers le col de la Serreyrède. Le sentier débouche sur une piste qui descend légèrement à travers bois, juste derrière la maison forestière (fontaine). La suite est sur ce chemin, aussitôt à gauche. Moins de 150 mètres plus loin on arrive à

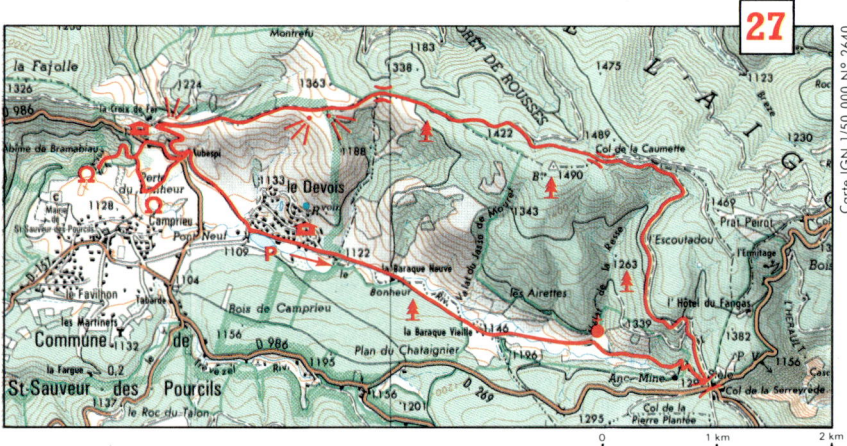

27

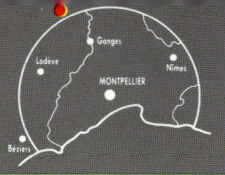
une fourche dont on prend la branche de droite remontante. On fait encore 500 mètres pour trouver un autre carrefour puis une autre fourche. On continue toujours sur la branche de droite, la piste de ski de fond remontant en face. On traverse alors une admirable forêt de hêtres dont le sous-bois dégagé permet de voir très loin entre les troncs. On atteint la curieuse guérite et les nombreux panneaux indicateurs du col de la Caumette, point culminant de la balade (1455 mètres). On commence alors la descente en suivant le GR-6 vers Camprieu (1 h 30). Le sentier suit plus ou moins la piste en faisant d'abord un petit crochet à droite. Il revient un moment à travers bois à gauche avant de s'en écarter pour rejoindre la ligne de crête. Après un petit col suivi d'une légère remontée, on sort à terrain découvert au milieu des genêts ; on embrasse alors une belle vue sur la vallée du Bonheur, Camprieu et les montagnes environnantes. Traversant de vastes landes et alpages, on arrive à un col au lieu-dit la Croix-de-Fer (belle échappée en enfilade vers le nord sur le causse Méjean). Par la piste descendant sur la gauche vers l'Aubespi, on rejoint Bramabiau en prenant la route à droite. Après la découverte de ce haut lieu spéléologique rendu célèbre par E.A. Martel en 1888, on complètera la visite du site en allant voir la mystérieuse perte du Bonheur. Pour cela, il faut continuer pendant 250 mètres environ le GR vers Camprieu et descendre dans le lit de la rivière à l'endroit de sa disparition sous terre. On revient vers la voiture par le chemin (GR-66A) qui rejoint directement l'Aubespi et, de là, en prenant, à droite en diagonale, la petite route de terre vers le Devois.

Descente sur Camprieu-le-Devois et vestiges de l'Abbaye du Bonheur.

Le Balcet, la mystérieuse perte du bonheur.

GARRIGUES

Lavande

Le nom même de garrigue tire peut-être son origine de « garru », c.a.d. « l'arbre du rocher », le chêne kermès.

La région regorge d'essences bien adaptées à la sévérité du sol calcaire et à la sécheresse des étés. Respirez l'odeur vivifiante du romarin en fleurs aux multiples vertus ! c'est une des plantes les plus aromatiques du Midi, c'est aussi l'une des plus mellifères avec la bruyère multiflore, disséminée sur les terrains dolomitiques. L'arbousier, arbre aux fraises, porte un fruit aigrelet, l'arbouse, qui fermenté peut produire une eau de vie.

Mélangé à la masse des arbrisseaux de la garrigue, le pistachier-térébinthe exsude une résine très odorante dite « térébenthine de Chio ». L'amande qu'on utilise en cuisine et qu'on apprécie à l'apéritif provient du Pistacia vera introduit de Syrie. Le pistachier-lentisque se rencontre dans la garrigue dolomitique dont il constitue une essence précieuse. L'oxycèdre ou cade est de loin le plus abondant dans les rochers calcaires. On en tire une huile par distillation du bois âgé et surtout des racines, médicament très anciennement connu, aux propriétés antiseptiques et antifongiques, employé pour le traitement de diverses dermatoses. Le promeneur ne peut pas manquer de voir les monotones étendues du kermès ainsi communément nommé mais on devrait plutôt dire chêne à kermès (cochenilles) dont les œufs séchés et traités servaient à fabriquer une teinture écarlate. Mais le chef de file incontesté d'un riche cortège d'espèces typiquement méditerranéennes c'est bien le chêne vert (yeuse), arbuste efflanqué que parasitent des lianes interminables. Chaque fois que l'homme n'entretient plus ses conquêtes (cf. olivettes désertées de Saint-Guilhem) le

chêne vert et le pubescent tendent à récupérer le terrain abandonné.

Les sommets des basses montagnes de Saint-Guilhem offrent asile à un arbre relique du continent tyrrhénien, le pin de Salzmann, voisin du laricio de Corse.

L'intérêt touristique et économique que représente cette magnifique parure que constituent les pinèdes du Midi ne doit pas faire oublier que les pins et particulièrement celui d'Alep, sont très sensibles à l'action du feu. Provoqué par la moindre étincelle, parfois même par la malveillance, l'incendie déclaré est aggravé par l'action du vent et la projection des cônes enflammés qui explosent comme des grenades. C'est devenu, hélas, un spectacle fréquent dans le Sud de la France. Si vous ne voulez pas être étouffé par les vapeurs toxiques, sucez des cailloux dit un remède de bonne fame.

Olivier

Située dans l'étage du chêne vert, plus particulièrement dans la garrigue à romarin, l'aspic était distillé jusqu'à la première guerre mondiale où il fut concurrencé par le lavandin. Cependant c'est incontestablement la lavande officinale ou lavande vraie qui confère aux parfums une ténacité que n'a pas la nouvelle essence. Le thym ou farigoule avec la lavande, est une des premières espèces qui envahissent les terres désertées des collines et basses montagnes.

Vanté par les poètes latins, tellement prisé des lapins, des abeilles et des ménagères, il fournit aussi le thymol aux vertus antiseptiques, diurétiques et antiparasitaires. L'usage des « simples » s'est perdu, avec l'avancée de l'industrie pharmaceutique les produits de synthèse ont remplacé les essences naturelles mais les plantes du terroir offrent toujours leurs gammes de couleurs et de fragrances qui nous énivrent.

Bruyère rose

Caprice de la nature tel qu'on n'en connait pas de semblable.

E.A. Martel, père de la spéléologie

BRAMABIAU

Francis de Richemond

La nature n'a pas de meilleur assistant que le temps dans l'exécution de cette œuvre maîtresse, belle à troubler l'esprit. Dès 1888, les géologues vont la vénérer, entraînant à leur suite les badauds, curieux de connaître l'histoire des gouffres des grands causses. L'abîme de Bramabiau résulte d'une érosion hydrogéologique qui débuta sans doute vers le milieu de l'époque tertiaire et qui se poursuit aujourd'hui. Un cavernement de 11 km d'extension a été reconnu sous le plateau de Camprieu. Ce petit causse capte les eaux d'une rivière (le Bonheur) dévalant les montagnes granitiques avoisinantes. En abordant les terrains calcaires, elle disparaît brusquement dans les fissures de son lit et s'engouffre dans un tunnel naturel ; elle ne ressurgit que 700 m plus loin, en cascades au pied de l'escarpement du causse, 80 m en contrebas de l'entrée du tunnel. Elle prend alors le nom de Bramabiau (qui brâme comme un bœuf) par allusion au bruit des eaux tumultueuses dans l'abîme en période de crue.

Visites guidées d'avril à mi-novembre
BRAMABIAU - 30750 Camprieu - 67.82.60.78

A la découverte des
CANYONS

**Avec 25 exemples,
dans les principales courses
en France et en Espagne**

Amis de la nature, venez découvrir votre élément préféré dans son état le plus fou.

Du Vercors à la Sierra de Guara, des cathédrales naturelles, pétries de minéral et d'aquatique, baignées d'ombre et de lumière, vous inciteront au rêve aventurier d'un monde insolite, celui des **Canyons**.

Abondamment illustré, le livre-guide « A la découverte des Canyons » est le fruit de nombreuses expériences affinées sur le terrain. Vous y trouverez tous les renseignements concernant l'équipement, la préparation, etc., ainsi que les fiches-topo des 25 plus belles courses-découvertes de ces lieux exceptionnels.

LA MONTAGNE DE LA FAGE

cambo, circuit des crêtes

A 55 km au Nord de Montpellier, un agréable itinéraire sur les crêtes du plus haut contrefort méridional des Cévennes gardoises. Une splendide balade aux vastes horizons.

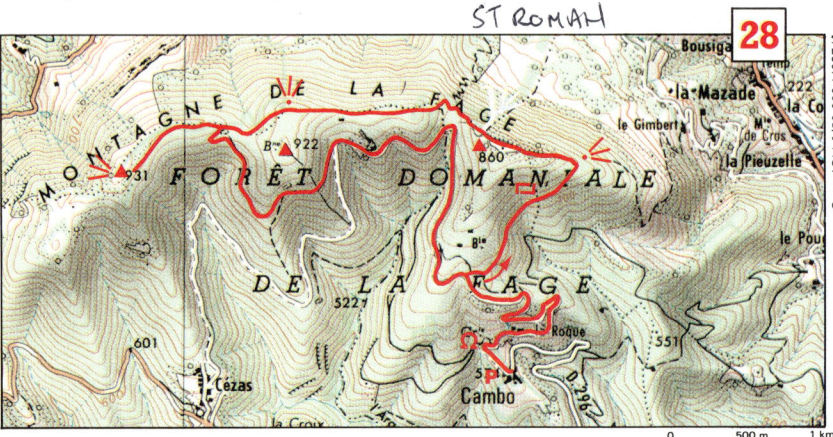

fiche technique

Longueur : 13 km
Dénivelé : 360 mètres
Durée : 4 heures 1/2
Difficulté : néant
Période : toutes saisons
Equipement : randonnée classique
Point d'eau : néant
Balisage : bleu, jaune

Carte Michelin : N° 80 PLI 17
Carte IGN 1/25000 : N° 2741 Est et Ouest

itinéraire d'accès

Prendre la D-986 en direction de Ganges. A St-Bauzille-de-Putois, tourner à droite sur la D-195 vers St-Hippolyte-du-Fort. Au carrefour de la D-999, continuer tout droit, passer La Cadière et monter à Cambo par la D-296. Garer le véhicule où l'on peut.

Retour vers Cambo, au fond le Pic St-Loup.

description

La balade commence sur la piste qui monte en trois lacets au dessus du hameau. 600 mètres environ après le deuxième virage à gauche en épingle à cheveux, prendre sur la droite le chemin d'exploitation qui monte et passe de l'autre côté de la croupe boisée. On continue sur le sentier qui le prolonge. (Belle vue vers le Sud sur le causse de Pompignan, le Pic St-Loup et la plaine de Lunel). Une fois aux ruines de la cabane d'une ancienne mine, on remonte le terril sur la gauche pour gagner la crête. Depuis un promontoire rocheux un panorama splendide se déroule sous nos yeux vers le Nord et vers l'Est englobant le Mont Aigoual, le Mont Lozère et toutes les Cévennes jusqu'à l'Ardèche. On continue à monter par le sentier tortueux qui slalome entre les bouquets d'arbres, en suivant la crête jusqu'à un petit sommet (860 m). De là, la vue se dégage et s'étend maintenant du Lingas à la mer. Le sentier descend légèrement côté Nord pour passer une barre rocheuse puis, toujours en suivant la crête, plonge vers un petit col boisé où une piste le relaie. On la prend à droite, sur à peine 60 mètres, versant Nord, puis il faut grimper par un sentier se faufilant discrètement, à gauche, dans les arbres. En suivant un balisage jaune, on retrouve la crête et on la suit, tantôt dans les bois, tantôt à découvert, puis on arrive en vue d'un petit relais TV. On remarquera que la roche comporte de curieuses incrustations ressemblant à des coquilles. On passe sur un autre mamelon au sommet duquel, sur la gauche, débouche un coupe-feu. Un peu plus loin, en contrebas, on retrouve une piste. Ayant été rejointe par une autre sente, elle descend

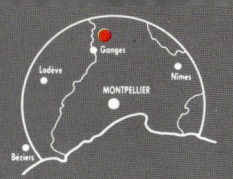

sur la gauche, au niveau d'un petit col dissimulé dans les arbres. Poursuivant tout droit, on remonte aussitôt après, dans une sorte de coupe-feu. Obliquant légèrement à gauche il atteint le sommet de la montagne (alt. 931 m). De ce point, la vue s'étend vers le Nord et vers l'Ouest sur les Cévennes, tout le massif de l'Aigoual, les Causses, la Séranne, ... et vers le Sud, sur toute la garrigue jusqu'à la mer. Revenus sur nos pas vers le col, on prend alors la piste à droite. Celle-ci effectue tout de suite après, un virage à gauche en épingle à cheveux puis, serpentant dans les bois à flanc de montagne sur 6 km et ignorant tous les autres chemins, elle revient vers Cambo.

Vue des crêtes sur le bassin du Vidourle et le hameau de Cambo.

LE CHATEAU DE FRESSAC

circuit fressac, château beauregard

A 55 km au Nord de Montpellier,
une petite balade conduisant aux ruines d'un château fort qui,
juché sur son piton, semble encore surveiller
la campagne environnante.

fiche technique

Longueur : 5 km
Dénivelé : 170 mètres
Durée : 2 h 30
Difficulté : néant
Période : demi-saison, hiver
Equipement : randonnée légère
Point d'eau : néant
Balisage : bleu

Carte Michelin N° : 83 pli 17
Carte IGN 1/25 000 N° : 2741 Est

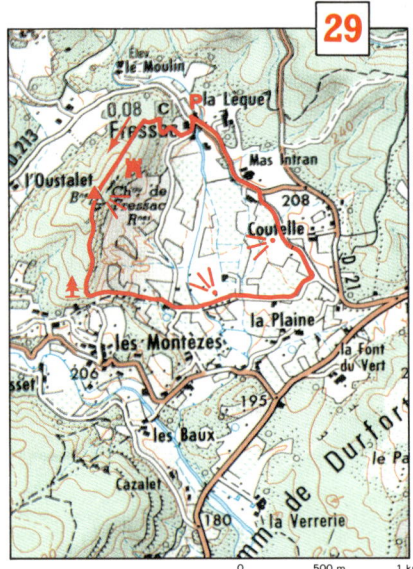

itinéraire d'accès

Aller jusqu'à Quissac par la D-17, puis tourner à gauche vers Sauve par la D-999. Pren-

dre ensuite la direction de Durfort et avant d'entrer dans le village, tourner à gauche sur la route de Saint-Hippolyte-du-Fort. Faire 1 km et à la fourche obliquer à droite sur la D-21. Faire encore 1 km et tourner à gauche vers Fressac par la D-213. Garer la voiture où l'on peut.

description

Après le pont, prendre à gauche la petite route qui se faufile entre les maisons. Juste après la dernière, remonter le chemin à droite et traverser la cour en direction de

la colline. On trouve alors le départ d'un chemin très raviné qui grimpe en lacets dans les bois. Au niveau d'un petit col, on voit une piste redescendre sur l'autre versant. Il faut alors prendre à gauche le sentier qui monte en suivant la crête. On arrive alors à la poterne d'entrée du château dont la masse rectangulaire du donjon émerge des arbres. La construction daterait du XIIIe siècle mais elle a subi de nombreuses transformations. Blanche de Castille y aurait séjourné. Au XVIe siècle elle devint propriété du seigneur de La Garde et de Durfort, Jean de Nogarède. Pendant les guerres de religion, le château fut un refuge important pour les protestants. C'est pourquoi il offre une remarquable densité de défenses. Passé une brèche qui devait être une première porte, on pénètre à l'intérieur des remparts par un passage voûté au bout duquel un

La porte du donjon.

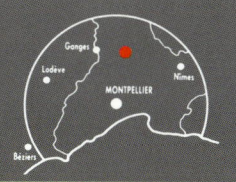

réduit, véritable souricière percée de meurtrières, a été aménagé. On débouche ainsi
dans la cour intérieure. Le donjon dont on
remarquera la porte couronnée d'une
arcade en plein cintre et l'impressionnant
mur d'enceinte sont les éléments les mieux
conservés. Après la visite, et ayant contourné le château, on trouvera à l'opposé
un sentier pour redescendre à travers bois
sur le hameau des Montèzes. Au lieu-dit
Beauregard, au débouché du chemin sur
une petite route desservant quelques villas,
on prendra à gauche une piste qu'emprunte
le GR-63. Au bas de la colline on coupe une
petite route puis on passe une rivière à gué.
Cheminant d'abord tout droit à travers
champs, on revient ensuite vers Fressac, en
prenant un peu plus loin, à gauche derrière
une maison, un chemin qui rattrape la route,
un peu avant d'arriver au mas de Poulitou.

Antoine Court,
une figure charismatique.

Au hameau des Montèzes, près de
Monoblet, une plaque rappelle qu'ici
Antoine Court organisa le premier
synode du désert, en vue de restaurer
une église réformée en plein désarroi,
après le « grand brûlement des Cévennes ». C'était en 1715. Peu à peu, de
nouvelles assemblées clandestines se
firent autour des prédicants formés à
Lausanne dans le séminaire des « pas-
teurs de la mort ». En 1770, dix ans
après la mort d'A. Court, les derniers
galériens sont libérés, les dernières pri-
sonnières de la tour de Constance aussi,
après une éprouvante résistance.

Le château de Fressac et son chemin de ronde.

LE PLATEAU DU TAURAC

plateau du taurac, gorges de l'hérault

A 40 km au Nord de Montpellier, au départ de la fameuse grotte des Demoiselles, un superbe circuit autour du plateau passant en corniche au-dessus des gorges de l'Hérault.

fiche technique

Longueur : 8 km
Dénivelé : 250 mètres
Durée : 4 heures
Difficulté : passages vertigineux (évitables)
Période : demi-saison, hiver
Equipement : randonnée classique
Point d'eau : néant
Balisage : divers

Carte Michelin N° : 83 pli 6
Carte IGN 1/25 000 N° : 2741 et 2742 Ouest

itinéraire d'accès

Aller à Saint-Bauzille-de-Putois par la D-986. Dans le village, tourner à droite vers la grotte des Demoiselles par la D-108e. Garer le véhicule au bout du parking de la grotte.

description

On peut commencer par la visite de la grotte des Demoiselles. Ce prélude souterrain nous dévoilera les dessous du décor et

Les gorges de l'Hérault

enrichira notre balade « en surface ». Après quoi, à partir de l'extrémité-Ouest du parking supérieur de la grotte, à gauche d'un transformateur électrique, on prendra le départ du sentier (balisage GR rouge et blanc) qui grimpe allègrement dans une faille de la falaise. Il nous conduit ainsi en peu de temps sur le plateau. On commencera par suivre le sentier balisé en bleu qui, avançant d'abord sur un promontoire rocheux, dégringole ensuite à droite par un itinéraire quelque peu escarpé, et contourne en corniche l'extrémité-Ouest du plateau ; après une boucle complète, il remonte de l'autre côté et permet d'atteindre ainsi un remarquable belvédère dominant à la fois les gorges de l'Hérault et le village de Saint-Bauzille-de-Putois. Revenus sur nos pas, avant de rejoindre le GR, on descendra, à gauche, par le sentier balisé en vert. Un peu plus bas, un peu à l'écart du chemin, on atteint le mystérieux porche de la grotte du Soleil. On continue la descente dans les bois, puis on rejoint et on remonte un autre sentier balisé en bleu. 50 mètres après on laisse à droite un itinéraire balisé en vert. On passe devant la belle baume de la Lausada puis, peu après, on atteint un lapiaz d'où l'on domine également les gorges. On arrive à un nouvel embranchement offrant deux itinéraires à choisir selon ses possibilités. A droite, le chemin (balisage bleu) rejoint sans difficulté l'itinéraire principal (balisage rouge et blanc GR). A gauche (balisage vert et balisage noir) commence un beau et sportif parcours au-dessus des

falaises. Le balisage vert s'arrête sur un belvédère ; un balisage noir le remplace par un itinéraire passant au-dessus de voies d'escalade et devenant par moments vraiment exposé au-dessus du vide. On rejoint ensuite à travers bois un nouveau sentier balisé en jaune à prendre à gauche puis un autre balisé en vert aussi à gauche. On retrouve enfin le GR à prendre encore à gauche. On passe près d'un aven, puis après avoir contourné le ravin du fer à cheval, on arrive à un carrefour. Laissant le GR partir à gauche en épingle à cheveux vers Laroque, et un autre chemin balisé en jaune sur la droite, on continue tout droit en suivant cette fois un balisage vert pâle qui rejoint la bordure-Nord du Taurac. De là, on a une très belle vue sur Ganges et l'Aigoual à l'Ouest, la Montagne de la Fage au Nord, et la brèche de la Cadière à l'Est.

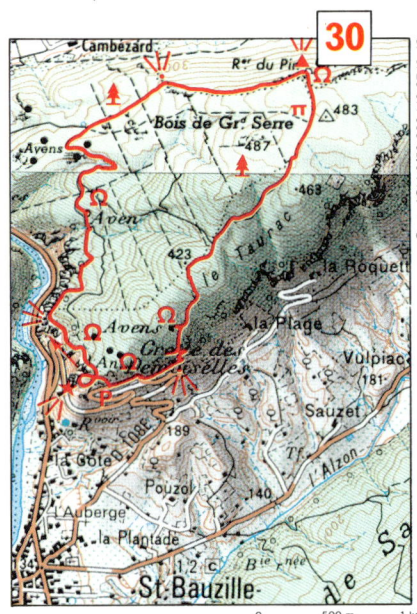

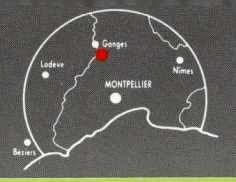

Il faut alors suivre la crête en la remontant vers l'Est par un cheminement pas toujours évident jusqu'au curieux rocher fissuré du Roc du Pin, point culminant de la balade. En continuant un peu plus loin et selon les balises vertes, on fait un coude à droite et on poursuit avec un nouveau balisage rouge. Il faut longer un muret, puis le traverser et après le croisement avec le chemin de l'Escalière et Montoulieu, et un peu plus bas les vestiges d'un dolmen, on s'engage, à travers bois et la garrigue, sur le chemin du retour.

On marche dans la prairie du plan de Platja en laissant d'abord à droite un itinéraire balisé en jaune traverser le plateau en direction du Nord-Ouest vers Laroque puis un peu plus loin, un autre chemin à gauche balisé en vert. En se guidant sur notre balisage rouge, on arrive à l'embranchement conduisant à l'impressionnante gueule de l'aven de l'Eure. De retour sur le sentier après cette digression on trouvera un itinéraire balisé en jaune qui nous ramènera à la grotte des Demoiselles par le Pas de Posol.

Le plateau du Taurac est un véritable gruyère truffé de nombreuses cavités (méfiez-vous de leurs abords glissants !). Ces dernières, dont la grotte des Demoiselles est la plus célèbre, ont été forées au fil des siècles par les réseaux souterrains de l'Hérault et du Rieutor. L'aménagement, actuellement en cours dans les gorges de l'Hérault, des grottes de Laroque va ajouter prochainement une nouvelle curiosité au patrimoine touristique déjà très riche de la région.

Au-dessus de la grotte des Demoiselles.

ICI, TOUS LES GOÛTS SONT DANS LA NATURE

CALORIES - Photos Alain AIGOIN

Grottes magiques, causses mystérieux, gorges abruptes, jamais vous n'aurez connu nature si généreuse. Quelles que soient vos envies, ici, tous les goûts sont permis : randonnées pédestres ou équestres, baignades ou canoë kayak, spéléo, escalade, delta plane ou parapente...

Dans cet environnement exceptionnel, Ganges vous invite à la rencontre de sa culture et de son histoire. Tous les vendredis matin, vous y vivrez un grand moment de tradition avec le célèbre marché pittoresque.

Sur place, vous trouverez toutes les possibilités d'hébergement.

VILLE DE GANGES

Renseignements
Ville de Ganges
Agence Municipale
du Tourisme
Tél. : 67.73.85.03
ou 67.73.55.82

"l'émotion grandeur nature"

GROTTE DES DEMOISELLES

*Dans un cadre extraordinaire
à la jonction des Gorges
de l'Hérault et de la Vis...
Au pied des Cévennes
à 39 km de Montpellier
et 60 km de Nîmes.*

LA GROTTE DES DEMOISELLES, c'est la grotte des fées. Jusqu'en 1930, après avoir péniblement escaladé le plateau du Thaurac et ses falaises surplombant le fleuve « Hérault » on pénétrait dans la Grotte par un trou béant (l'Aven) au prix de nombreuses et périlleuses difficultés.

Dans l'histoire tourmentée de la région, les protestants y trouvèrent un abri très sûr pendant les Guerres de religion (on peut y voir : « la grotte des Camisards ») et des prêtres catholiques s'y réfugièrent pendant la Révolution.

Après avoir traversé plusieurs salles richement décorées, aux vastes dimensions et parfaitement aménagées, on aboutit dans « la cathédrale » que l'on découvre subitement du haut d'un belvédère

Au centre d'une immense nef, dont la voûte s'étale toute constellée de stalactites, se dresse une stalagmite comme une statue colossale érigée sur un piédestal, représentant une étonnante « vierge à l'enfant ». Tout autour, ce ne sont que piliers magnifiques et formes fantastiques. Dans le fond, un énorme buffet d'orgues, là-bas une colonne monumentale qui semble soutenir la voûte, 52 mètres au-dessus de nos têtes ; ici une draperie de pierre, si fine qu'elle devient translucide...

C'est une splendide cavité naturelle, aux dimensions immenses, une curiosité véritablement digne des contes des Mille et une Nuits.

Un funiculaire, à travers un tunnel creusé dans le roc sur près de 180 mètres de longueur et 36 % de pente, pénètre dans la montagne du Thaurac et conduit les visiteurs sans aucun effort physique dans la grotte elle-même.

GROTTE DES DEMOISELLES
St-Bauzille-de-Putois - Hérault - 67.73.70.02
Ouvert 7 jours sur 7 toute l'année.
Heures de visite :
Automne-hiver (du 1er oct. au 31 mars)
9 h 30 à 12 h / 14 h à 17 h
Printemps-été (du 1er avril au 30 sept.)
8 h 30 à 12 h / 14 h à 19 h

LE CHATEAU DE VIVIOURES
crête de l'hortus

A 30 km au Nord de Montpellier,
un fier château ruiné, juché sur un éperon, semble surveiller
du coin de l'œil son rival de Montferrand.
Une évocation du Moyen-Age. Pour tous.

fiche technique

Longueur : 2 km, aller-retour
Dénivelé : 100 mètres
Durée : 1 heure
Difficulté : néant
Période : demi-saison, hiver
Equipement : randonnée légère
Point d'eau : néant
Balisage : bleu

itinéraire d'accès

Au choix : soit par la D-986 jusqu'à Saint-Martin-de-Londres puis à droite par la D-122, soit par la D-17 jusqu'à Tréviers et au rond-point après le village à gauche par la D-1. Ces deux itinéraires convergent au petit col entre le Pic Saint-Loup et l'Hortus. Il faut descendre un peu, vers Saint-Martin-de-Londres, et garer la voiture sur la route des Camps (IC-22), à droite, 3 à 400 mètres environ après le carrefour.

Carte Michelin N° : 83 pli 7
Carte IGN 1/25 000 N° : 2742 Est

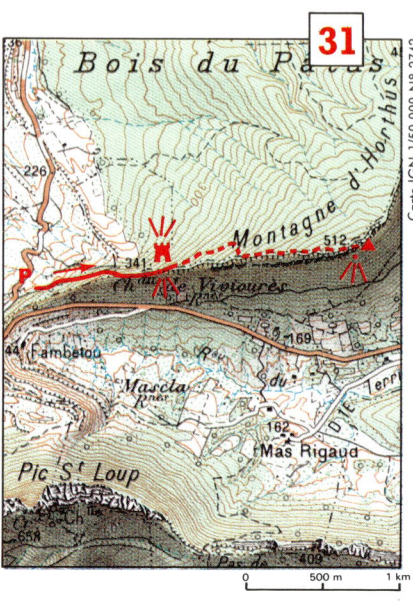

description

On démarre sur une vague piste qui monte en oblique sur la gauche, puis franchissant d'anciennes clôtures, on commence à pénétrer dans un bois clairsemé de chênes et de cades. On arrive rapidement à une clairière, à cheval sur la crête, d'où l'on découvre une jolie vue inhabituelle sur la face Nord du Pic Saint-Loup. Dans son prolongement se découpent les ruines du château de Montferrand. On continue le chemin qui part un peu en retrait sur la gauche et qui suit plus ou moins la ligne de crête. Après une sorte de brèche, on découvre brusquement la silhouette imposante du château qui s'allonge sur l'arête aiguë de l'Hortus. Après avoir traversé une première ligne de constructions complètement éboulée dans le fouillis d'une folle végétation, on arrive au pied même du piton rocheux sur lequel se dresse la forteresse. On bénéficie alors d'une belle vue vers le Nord sur la Séranne, les étendues boisées du causse de l'Hortus et, au-delà, les montagnes des Cévennes dominant Saint-Hippolyte-du-Fort. Il faut maintenant contourner le château par la gauche pour descendre légèrement versant nord puis, laissant le sentier balisé en bleu continuer tout droit, on trouvera un cheminement qui monte sur la droite, en épingle à cheveux, jusqu'à la poterne d'entrée. L'édifice étant abandonné, il convient d'être prudent. On remarquera de nombreux détails d'architecture intéressants tels que des mâchicoulis, passage de herse et de nombreuses baies ébrasées munies de leurs bancs de veille donnant sur le Pic Saint-Loup et la combe boisée nous séparant de lui, en contrebas. Revenus sur nos pas, côté Nord, au départ de la rampe d'accès à l'entrée, on aura le

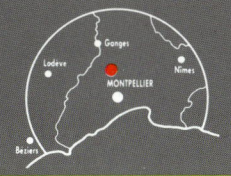
choix soit de faire demi-tour par le même chemin, soit de poursuivre vers les falaises et le sommet de l'Hortus par le sentier balisé en bleu. Ce dernier s'enfonce dans le maquis en passant par quelques anciennes charbonnières. Dès que l'on repère un petit aven marqué GR5, on laisse le balisage bleu pour prendre à droite une voie taillée dans la végétation qui s'élève en direction de la crête. On prend alors un itinéraire balisé en jaune qui, à travers lapiaz et pierriers, nous conduit vers l'Est au sommet de l'Hortus plus ou moins en bordure de falaise. Haute d'environ 160 mètres celle-ci comporte de nombreuses voies d'escalade très sportives dont certaines subverticales ont un dévers de près de 20 mètres. Actuellement, faute d'un autre itinéraire bien tracé, on revient à la voiture par le même chemin.

L'existence du château de Viviourès est attestée dès le XIIe siècle, mais le nom de son promoteur est resté dans l'ombre. Au début du XIVe, il appartient à la famille Péan qui en fait hommage à l'évêque de Maguelonne. Dès le XVIe siècle, la voûte en berceau brisé s'étant effondrée, l'édifice entre en agonie. C'était une fière et belle forteresse à l'architecture raffinée, accessoirement fortifiée. Comme sa voisine de Montferrand, elle contrôlait le passage de Montpellier aux Cévennes. Au siècle dernier, elle inspira au peintre J.B. Sabatier une lithographie pour les « Voyages pittoresques et romantiques dans l'ancienne France ». La toponymie était encore incertaine puisqu'il intitula son croquis château de Béviaires.

LE RAVIN DES ARCS
canyon du lamalou

A 28 Km de Montpellier, le ravin des arcs est, avec l'ascension du Pic St-Loup, une des balades les plus connues des Montpelliérains. Un après-midi suffit pour la visite de cette curiosité naturelle.

fiche technique

Longueur : 5 km, aller-retour
Dénivelé : 130 mètres
Durée : 2 à 3 heures
Difficulté : chemins cailloux et raides
Période : hiver et demi-saison
Equipement : randonnée légère
Point d'eau : néant, buvette au parking
Balisage : rouge et blanc (GR)

Carte Michelin N° : 83 pli 6
Carte IGN 1/25 000 N° : 2742 Ouest

itinéraire d'accès

De Saint-Martin-de-Londres, prendre la D-986 en direction de Ganges, sur environ 2,5 km, jusqu'au pont de Masclac sur le Lamalou. Se garer avant le pont sur l'un des deux parkings à droite et à gauche de la route.

description

Au bout du parking de gauche, juste avant le pont, en venant de Montpellier, il y a deux sentiers. Prendre celui qui monte à flanc de colline. Après environ 200 mètres, il est recoupé par un chemin que l'on prend à gauche sur 50 mètres à peine pour emprunter ensuite un sentier, à droite, peu visible dans la pierraille ; il s'infléchit à gauche après une barre rocheuse.

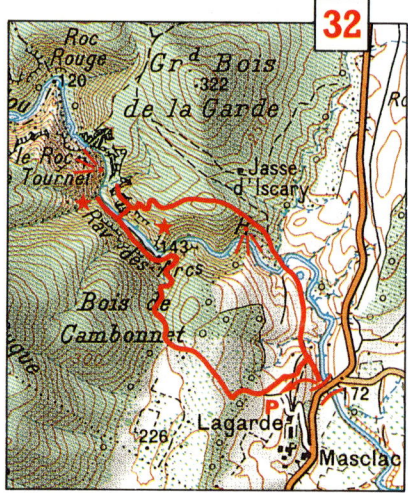

Suivre les marques rouges et blanches du GR-60. Après avoir franchi une haie d'arbres, on débouche sur un vaste terreplein herbeux dominé par la grande écurie d'un centre équestre. On récupère le chemin en contournant le bâtiment par la gauche. La suite est une piste empierrée que l'on continue jusqu'au début de la descente en prenant toujours à droite. A partir de là, le chemin se retrécit pour devenir un étroit sentier qui dégringole en lacet et de bloc en bloc dans la végétation jusqu'au fond du ravin, au niveau de la grande arche. A ce point là, trois éventualités : il y a beaucoup d'eau, il y en a peu ou encore pas du tout. Si le Lamalou est en crue, on visitera le site depuis la rive gauche en poursuivant le GR sur quelques centaines de mètres ; il démarre après la grande dalle et, s'enfonçant dans la végétation au-dessus de la

Descente sportive de canyon : les spectaculaires marmites du Géant en aval du Grand Arc.

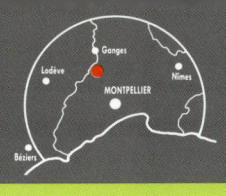

rivière, nous conduit à un beau point de vue sur le canyon dans lequel le torrent s'engouffre avec fracas. On revient par le même chemin. S'il n'y a pas beaucoup d'eau, on peut à la rigueur traverser à gué avant la cascade et retrouver le GR qui se prolonge sur l'autre rive. Attention, la traversée n'est pas sans danger avec du courant. Si le lit du torrent est à sec, on peut « naviguer » au milieu des rochers, selon ses capacités, depuis la grotte en amont jusqu'aux marmites en aval. Le décor sauvage est grandiose : le Lamalou a sculpté dans la roche de nombreuses cavités et foré le portique remarquable du Grand Arc. On continue la balade sur la rive droite où l'on retrouve le sentier. On arrive tout de suite à un carrefour indiquant, tout droit, St-Bauzille-de-Putois 3 h 10 et Ganges 5 h 20, et, à droite, St-Martin-de-Londres par le GR-60A, 1 h 25.

Avant de prendre ce chemin à droite qui nous ramènera à notre point de départ, on peut faire un détour en poursuivant tout droit sur 200 mètres environ jusqu'à un éperon rocheux d'où l'on découvrira une très belle vue plongeante sur le prolongement des gorges. Revenus au carrefour, on attaque alors un sérieux raidillon qui nous amène sur le plateau. On continue à travers lapiaz et pierriers en suivant les balises rouges et blanches, puis on redescend sur le cours du Lamalou avec une vue superbe sur le Pic St-Loup et la plaine de St-Martin-de-Londres. On rejoint une belle place herbeuse propice au pique-nique. On traverse la rivière et, passant à côté d'une lavogne, on rejoint la voiture par un agréable cheminement au milieu des pâtures. En vue du pont, prendre à gauche le sentier qui descend au parking.

LE CASTELLAS DE MONTOULIEU
circuit la devèze, vieux st-hippolyte, la cadière

A 45 km au Nord de Montpellier, passant par St-Hippolyte-du-Fort et La Cadière un long et beau circuit aux paysages multiples dans les garrigues de Montoulieu. Au programme : un aven mystérieux, une tour, deux châteaux forts... et une voie ferrée désaffectée.

fiche technique

Longueur : 18 km
Dénivelé : 145 mètres
Durée : 6 heures
Difficulté : longueur
Période : demi-saison, hiver
Equipement : randonnée classique
Point d'eau : villages
Balisage : bleu

Carte Michelin N° : 80 pli 17
Carte IGN 1/25 000 N° : 2741 Est

itinéraire d'accès

Aller à Saint-Bauzille-de-Putois par la D-986. Dans le village, tourner à droite vers Montoulieu par la D-108. Laisser l'église de Montoulieu à gauche et, 500 m après le carrefour de la Vielle, prendre à droite la petite route bordée de mûriers qui mène à La Plaine, domaine de la Devèze (camping, gîtes, vente de vin, tél. 67.73.70.20). Contourner la propriété, laisser une petite route à droite et garer la voiture 200 m plus loin sur le terre-plein devant un ancien cimetière.

description

Continuer la petite route jusqu'à la chaîne marquant l'entrée d'une propriété privée à proximité de la petite station de pompage de la source des Trois Baumettes. Il faut alors

prendre à gauche et, tout de suite après, à droite, le chemin qui remonte par le fond du vallon en longeant un enclos à taureaux. On traverse le bas des prairies de Valgrand, puis le sentier se rétrécit et après environ 2 km, au niveau d'une petite clairière, laissant le sentier principal continuer à gauche, on traverse le ruisseau pour s'engager, à droite, sur un sentier s'enfonçant dans les bois. Peu après, il débouche sur une prairie allongée que l'on traverse complètement jusqu'à une ancienne charbonnière. Il faut obliquer ensuite complètement à droite pour remonter dans les bois jusqu'à un carrefour de plusieurs sentiers. En face, à 50 m, on ira voir

la gueule clôturée de l'aven de Valgrand. Au fond de ce dernier, se trouve le squelette d'un cachalot qu'un cirque y a jeté pour s'en débarrasser, après avoir fait faillite ! Revenu au carrefour on prend alors, à droite, le sentier qui remonte en longeant la lisière d'une zone plus dégagée et rejoint un col où se dressent les ruines d'une ancienne tour de télégraphe ou d'un ancien moulin. De là, la vue s'étend vers l'Est sur Salle-de-Gour et les plaines de Mandillargues entre Pompignan et St-Hippolyte-du-Fort, et vers l'Ouest sur le Thaurac, le Pic d'Anjeau, la Seranne et, au premier plan, la croupe boisée du bois de Monnier. Arrivé à la tour, on prend, à gauche, le sentier qui file droit vers le Nord-Ouest en contournant le mamelon du Castillon. Il relie le sentier principal à un col et plonge dans le ravin sur l'autre versant en direction de St-Hippolyte. Arrivé en bas, il faut alors tourner à gauche sur un bon chemin carros-

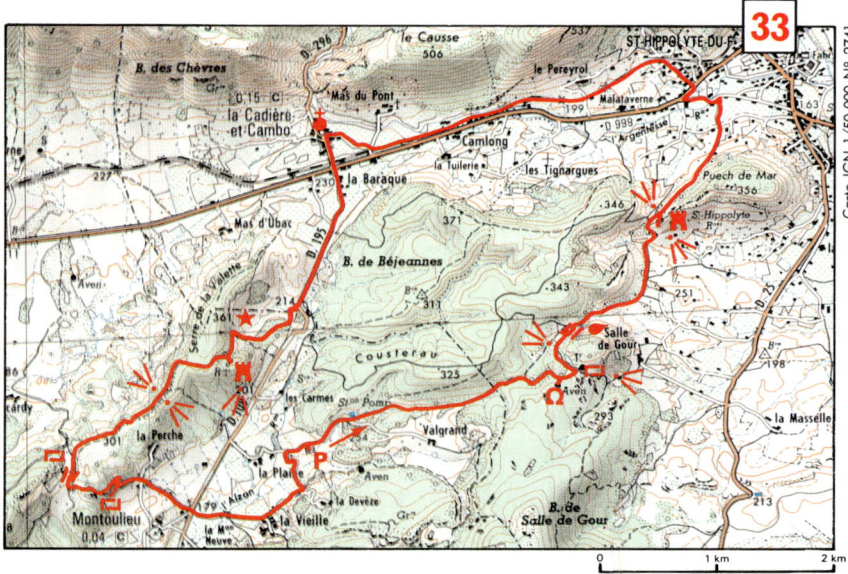

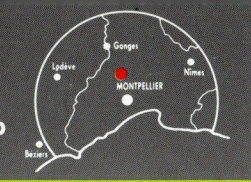

forme sommitale de l'édifice, accessible par une faille dans les rochers et une brèche dans le mur, côté Sud. En faisant le tour, on remarquera les restes de belles voûtes et de grandes citernes destinées à collecter les eaux de pluie. On découvrira aussi un remarquable panorama avec, au Nord, la falaise de l'Hortus et au loin les Cévennes ; à l'Est, les pinèdes autour de Tréviers, de Saint-Bauzille de Montmel et, au-delà, le Mont Ventoux ; au Sud, l'agglomération montpelliéraine et tout le littoral. Enfin, à l'Ouest, se profile en premier plan l'imposante épaule acérée du Pic Saint-Loup er, par temps clair, à l'horizon, les Pyrénées. Pour revenir, on emprunte le même chemin. Les plus sportifs pourront prendre un raccourci par un sentier empierré et glissant qui dégringole depuis la poterne Sud jusqu'au chemin en contrebas.

Excommunié après l'assassinat d'un légal pontifical et ayant déclenché contre lui la « croisade des Albigeois », Raymond VI de Toulouse est sommé de faire acte d'allégeance au Pape Innocent III. Il doit livrer Montferrand à l'Eglise dans un lot de sept châteaux. Ainsi l'évêque de Maguelonne entra-t-il, sans bourse délier, en possession du site qui devait rester domaine épiscopal jusqu'à la révolution. Au XVIIe siècle, Montferrand devait faire sale mine car l'évêque de Montpellier, Colbert de Croissy, sollicita le roi de le faire démanteler. C'était signer l'arrêt de mort du château. Ses ruines furent vendues à la Révolution avec les bois environnants.

Les ruines du château avec dans le lointain le Pic St-Loup et l'Hortus plus au Nord.

L'ERMITAGE NOTRE-DAME DU BOIS DE MONIER

le bois de monier, ravin de valcroze

A 40 km au Nord de Montpellier, un itinéraire en forme de retraite, loin du monde, conduisant à un paisible ermitage niché près du sommet d'une vaste croupe boisée.

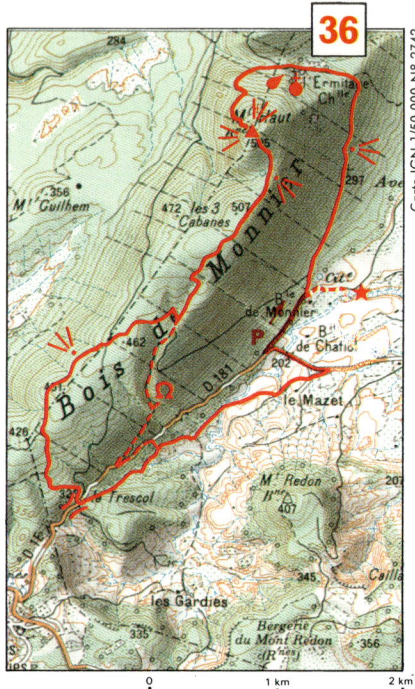

Carte IGN 1/50 000 N° 2742

fiche technique

Longueur : 13 km
Dénivelé : 335 mètres
Durée : 4 h 30
Difficulté : traversées de Lapiaz
Période : demi-saison, hiver
Equipement : randonnée classique
Point d'eau : néant
Balisage : bleu, jaune

itinéraire d'accès

Prendre la D-17 en direction de Quissac. 3 km après Tréviers, au troisième embranchement vers Valflaunès, bifurquer à gauche vers Pompignan par la D-17. Dans le village, tourner à gauche en direction de Ferrières-les-Verreries. Après environ 3 km, on passe sur un pont et juste avant le virage on s'engage sur la piste à droite. Garer le véhicule sur le terre-plein au départ du chemin.

Carte Michelin N° : 83 pli 7
Carte IGN 1/25 000 N° : 2742 Est

description

On commence par un court cheminement entre garrigue et rivière en longeant le pied de la montagne du Bois de Monier. Arrivé à une fourche, avant de rejoindre la belle bergerie, on pourra faire un détour à droite en se rapprochant du lit de la rivière. On arrive alors en vue d'une petite cascade et d'un très beau pont en pierres sèches franchissant le cours d'eau souvent à sec. Revenant ensuite tout droit vers la montagne, on retombe sur un autre chemin qui revient en direction de la bergerie de Monier au-dessus des champs. On fait à peine 100 mètres avant de monter un peu à droite et on trouve très vite le chemin muletier de l'ermitage que rejoint le sentier balisé en bleu grimpant derrière la bergerie. Ce dernier monte rectiligne et de façon très régulière sur 1,8 km dans un épais maquis à flanc de montagne. Après quoi il tourne à gauche pour rallier l'ermitage. On découvre ce dernier blotti dans la verdure en bordure d'un pré en haut duquel on voit un puits. L'ermitage est prolongé d'une jolie chapelle restaurée par les paroissiens de Pompignan en 1958. Après cette halte reposante on redescend le chemin en direction de Montoulieu. N'ayant pas fait 200 mètres, on arrive à un embranchement. Là, on prend, à gauche, un vieux chemin qui, remontant dans le bartas, s'interrompt brusquement après deux virages. Il faut alors suivre un cheminement balisé ouvert dans l'épaisse végétation et franchissant des zones de lapiaz érodés. Du sommet du Mont-Haut (alt. 525 m), on jouit d'une belle vue sur le versant Nord-Ouest en direction du Taurac, du massif de l'Aigoual et de la montagne de la Fage. On redescend ensuite versant Sud-Est un sen-

Panorama vers l'Aigoual depuis le Mont-haut.

LE PIC ST-LOUP

tour et ascension du pic-st-loup

A 22 km au Nord de la ville, la balade incontournable que tout montpelliérain se doit d'avoir effectuée au moins une fois, et que les amoureux de la région referont avec plaisir comme pour se ressourcer.

fiche technique

Longueur : 10 km
Dénivelé : 440 mètres
Durée : 5 h
Difficulté : néant sinon dénivelé
Période : demi-saison hiver
Equipement : randonnée classique
Point d'eau : citerne ermitage eau douteuse
Balisage : rouge et blanc (GR) jaune

Carte Michelin N° : 83 pli 07
Carte IGN 1/25 000 N° : 2742 Est

itinéraire d'accès

Prendre la D-986 en direction de Ganges. On passe St-Gely-du-Fesc et, une fois sur le plateau, peu après le Relais des Chênes, 7 km avant St-Martin-de-Londres, on tourne à droite sur la D-113 qui conduit à Cazevieille. A l'entrée du village, on prend la route en oblique à gauche, et on laisse la voiture au parking situé 50 mètres après.

description

Du parking, on continue en remontant la petite route vers le hameau de Tourière en suivant le balisage rouge et blanc du GR. 200 mètres environ après les dernières maisons, le sentier quitte la voie principale et monte à droite, dans les chênes verts et les

rochers jusqu'à un petit col un peu en dessous de la tour de Cazevieille. On descend alors sur l'autre versant d'où l'on découvre le bassin de St-Martin-de-Londres et les montagnes de Labat et de la Selette. Après un passage en palier, on atteint une petite combe noyée dans la végétation. Le sentier se fait plus pentu avant de sortir en terrain découvert. On recoupe alors perpendiculairement un autre chemin que l'on prend à droite laissant le GR continuer à gauche. Le balisage est assez fantaisiste mais le cheminement est évident. On arrive sur un petit promontoire d'où la vue peut s'étendre ; laissant les sentiers qui divergent, on conti-

34

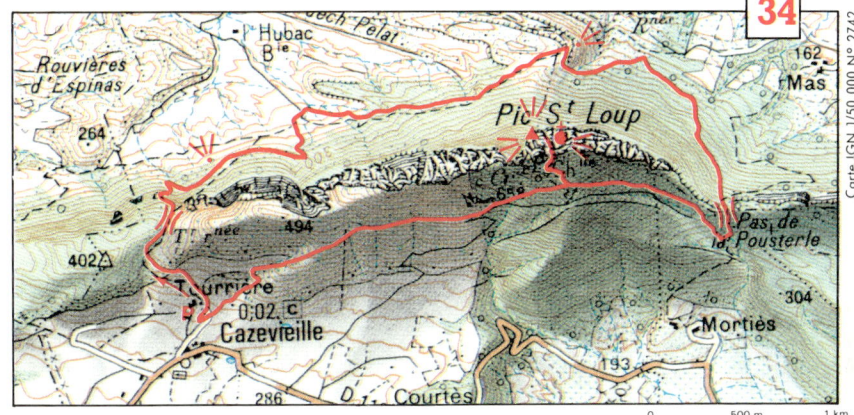

L'Hortus vue du Pic.

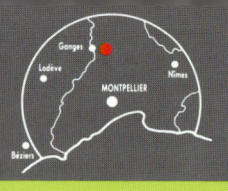
sable qui se dirige entre les vignes et les olivettes vers le Puech de Mar. On le laisse un peu plus loin tourner à droite et on continue en descendant pour traverser un ravin et remonter de l'autre côté vers les ruines de Vieux-St-Hippolyte dont on distingue en face les restes du château juché sur son rocher. On atteint ce dernier après l'avoir contourné par un col à gauche. On trouvera le sentier d'accès un peu après le col, au moment où le chemin commence à redescendre. Du château, belle vue vers le Sud et, vers le Nord, sur St-Hippolyte et les contreforts cévenols. On redescend alors sur la jolie petite ville de St-Hippolyte-du-Fort. Si l'on ne s'y arrête pas, on continuera la balade en prenant la deuxième petite route à gauche qui rejoint la D-999 de Ganges à St-Hippolyte. On la prend à droite sur 50 m avant de tourner à gauche sur le chemin de Courège qui file, entre les villas, tout droit vers la montagne. Arrivé au passage à niveau on tourne à gauche sur l'ancienne voie ferrée récemment désaffectée. Suit alors un amusant parcours d'environ 3 km sur le ballast, le long des rails. Juste avant le 4e pont enjambant la voie, il faut alors quitter cette dernière en escaladant le talus à droite et rejoindre la petite route qui rallie le joli village de la Cadière. Arrivé sur la place de l'église et sa fraîche fontaine, on prendra, à gauche, la route qui, après avoir retraversé la D-999, conduit à Montouliou. 1,5 km après le carrefour, on obliquera à droite sur un chemin récemment tracé au bulldozer et barré par une chaîne. Il conduit à la piste de l'école de vol libre « Espace ». Arrivé à cette dernière, on la remonte par la droite pour rejoindre le Castellas de Montouliou (XIIIe siècle). Du château on continuera vers l'Est sur la bonne piste forestière qui rejoint le col

L'ancienne tour et le château de Montouliou.

de l'Escalière en suivant la crête (belle vue sur les environs de Ganges). Juste après le 2e portail barrant le chemin, on prendra, à gauche la piste qui, passé le col, redescend vers Montouliou. Avant d'arriver en bas, au sortir de la dernière épingle à cheveux, on trouvera, à droite en contrebas, le départ d'un sentier conduisant à un ancien four à chaux. On rejoindra ensuite le hameau de la Vieille après avoir traversé la petite D-195. Tournant sur le chemin de terre juste après la première maison, on rejoindra la petite route de la Devèze et notre point de départ.

LE CHATEAU DE MONTFERRAND

la crête-est du pic saint-loup, montferrand

A 20 km au Nord de Montpellier,
l'ascension du Château de Montferrand constitue la balade
dominicale par excellence. Une belle récompense
pour un tout petit effort.

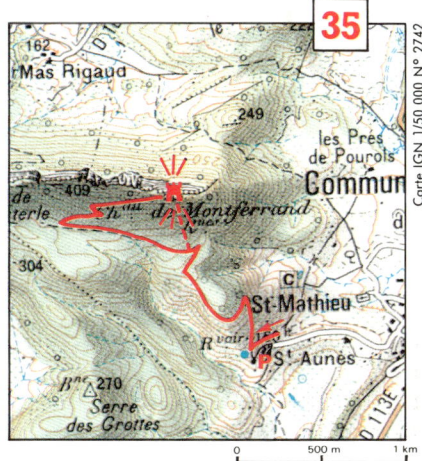

fiche technique

Longueur : 4,5 km, aller-retour
Dénivelé : 210 mètres
Durée : 2 h 30
Difficulté : néant
Période : demi-saison, hiver
Equipement : randonnée légère
Point d'eau : néant
Balisage : rouge et blanc (GR)

Carte Michelin N° : 83 pli 7
Carte IGN 1/25 000 N° : 2742 Est

itinéraire d'accès

Prendre la D-17 vers Quissac. Au carrefour giratoire, à l'entrée de Tréviers, tourner à gauche vers Saint-Mathieu-de-Tréviers. Après l'épingle à cheveux qui permet d'atteindre le village, on prend une première fois à gauche, puis encore à gauche devant un grand portail en fer, et on repart sur une petite route bordée de pins qui monte tout droit vers le mas de Saint-Aunès. Juste à l'entrée de ce dernier, tourner à droite sur une piste et garer la voiture 100 mètres plus loin au départ du chemin.

description

Du parking, on commence tout de suite la montée par une première rampe jusqu'au réservoir d'eau qui émerge de la végétation. Avant d'y arriver, on tourne à droite sur le chemin qui se poursuit dans la garrigue faisant un lacet suivi d'une large boucle à travers arbustes et broussailles. On découvre alors en face, l'imposante silhouette du château se découpant sur le ciel. Après un tournant à gauche, on continue la montée vers la crête en dépassant le site de Montferrand. On arrive dans une petite clairière et, laissant le GR, on prend un chemin sur la droite. En deux lacets il nous ramène vers la forteresse juchée sur les rochers. On débouche, à hauteur de la première enceinte, sur un petit replat encombré de gros blocs. A partir de là, on se promènera prudemment dans les ruines instables, en cherchant des passages parmi les éboulis de murs, vestiges d'une gloire lointaine. On pourra ainsi monter sur la plate-

Chemin d'accès au château de Montferrand.

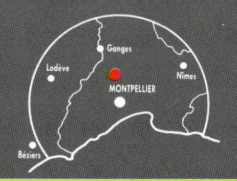

nue tout droit jusqu'à rejoindre une ancienne prairie. On la remonte, laissant à gauche le sentier qui rejoint la route de St-Mathieu-de-Tréviers à St-Martin-de-Londres au col séparant le Pic St-Loup de l'Hortus. En haut de la prairie, on découvre l'impressionnante paroi de la face Nord du Pic St-Loup. Suivant un balisage jaune, on prend à droite le chemin qui descend au Mas Rigaud, juste après le passage d'un petit muret. 250 mètres plus loin on l'abandonne en tournant à droite sur un sentier qui monte au Pas de la Pousterle. En suivant toujours les marques de peinture jaune, on laisse à gauche un chemin descendant balisé de bleu et, passé les rochers du col, on redescend une centaine de mètres sur le versant Sud avant de retomber sur le GR. On le prend sur la droite. Il nous conduit après une bonne grimpette, à la Croisette, départ de l'ancien chemin de croix qui monte à l'ermitage au sommet du Pic St-Loup. De là-haut, la vue embrasse toute la région, de la mer, au-delà de la plaine, aux contreforts du Massif Central et des Pyrénées aux Alpes. Le Pic St-Loup est aussi bien connu des amateurs d'escalade qui ont ouvert de nombreuses voies dans sa face Nord. Cette falaise est également un haut lieu du vol-à-voile ; certains dimanches les planeurs virevoltant et sifflant en un étourdissant ballet autour du sommet constituent un spectacle inoubliable. En entrant dans l'ermitage, on trouvera, à gauche, dans une petite niche, une citerne d'eau dont la fraîcheur n'indique pas forcément qu'elle est potable. Revenu à la Croisette, on tourne ensuite sur la droite vers Cazevieille par un large chemin descendant en ligne droite vers l'Ouest le long du flanc Sud de la montagne.

Le Pic St-Loup et l'ermitage à son sommet.

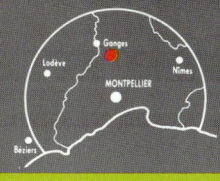

tier au départ peu visible mais rapidement assez bien tracé. On arrive dans une modeste clairière à une patte d'oie. Suivant le balisage bleu doublé de jaune, il faut prendre le chemin qui monte en face sur la colline des « Trois Cabanes ». La suite est un assez long cheminement sur le plateau se faufilant à travers bois pour rejoindre le ravin de Valcroze. Au début de la descente, on trouve un embranchement à partir duquel s'offrent deux possibilités. La plus directe : on continue la descente par le ravin de Valcroze et on rejoint la voiture par un chemin en contrebas de la route, en suivant le balisage bleu. Au passage, on pourra jeter un coup d'œil sur l'aven de Valcroze signalé par un cairn, 40 mètres à gauche du chemin, au sortir des bois. Prudence, car sa modeste gueule s'ouvre quand même sur une verticale absolue de 80 mètres. La deuxième solution consiste à continuer la balade en prenant à droite le chemin remontant dans une végétation touffue. On revient sur le plateau et, suivant le balisage bleu à nouveau doublé de jaune, on traverse un lapiaz et un muret pour prendre un itinéraire en bordure du versant Nord-Ouest. On laisse ensuite partir à droite le sentier balisé de jaune et on replonge dans les bois pour aboutir à la route au petit col de Trescol. De l'autre côté de la route à gauche, on trouvera une draille assez ravinée qui dégringole vers le fond de la vallée. Ayant traversé un ruisseau, elle se prolonge par un bon chemin. Ce dernier, attraper par celui du vallon de Valcroze, traverse la rivière à gué et, la suivant un moment, passe derrière des maisons avant de rejoindre la route. 400 mètres plus loin, on retrouve la voiture.

L'ermitage Notre-Dame-de-Monier et le vieux pont.

POUR CONTER FLEURETTE

Que ce soit au printemps, en été ou en automne, la belle région cévenole et caussenarde s'embellit d'une ornementation végétale foisonnante et variée.
Les coquelicots si communs, les asters ou les orchidées font à la verdure des mouchetu- res aux couleurs vives.
On retient du Causse l'harmonieuse image des champs animés par l'incessant frémissement des « cheveux d'ange » ou plumets ; des Cévennes, l'éclat chatoyant des genêts en fleurs et de la callune, petite bruyère commune, qui habillent de teintes jaunes et mauves les crêtes schisteuses. N'oublions pas l'emblème du Causse, la fameuse cardabelle, ce beau chardon que l'on fixe sur les portes où il sert de baromètre.

Cardabelle

Aspho

Genêt balais

Glaïeul sauvage

LE BOIS DE ROUCAUTE

lac de la rouvière, le castellas et bois de roucaute

A 48 km au Nord de Montpellier,
un agréable circuit à travers bois passant par un château
où aurait séjourné la reine Blanche de Castille.

fiche technique

Longueur : 13 km
Dénivelé : 180 mètres
Durée : 5 heures
Difficulté : néant
Période : demi-saison, hiver
Equipement : randonnée légère
Point d'eau : néant
Balisage : bleu

Carte Michelin N° : 80 pli 17
Carte IGN 1/25 000 N° : 2841 Ouest

itinéraire d'accès

Aller jusqu'à Quissac par la D-17 puis continuer vers Anduze par la D-35 sur 5 km. Tourner ensuite à droite vers Logrian par la D-8. Garer la voiture sur la petite place, à l'entrée du village, juste après le pont, à droite.

description

Monter dans le village par la rue qui longe l'église. A la tour de l'horloge, tourner à gauche sur la route en direction de Savignargues. On commence par faire un peu plus d'un kilomètre jusqu'au début d'une ligne droite. En suivant le balisage bleu, on s'engage alors, à droite, dans un modeste talweg que l'on remonte jusqu'à un chemin forestier. On le prend à droite, puis, peu après, à une fourche, il faut bifurquer à gauche et suivre tout droit un agréable itinéraire jalonné de jolies clairières le long d'une croupe boisée. La garrigue s'épaissit peu à peu et l'on arrive à un embranchement à droite, qui permet de faire un détour par les célèbres ruines du château de Roque-Haulte, appelé aussi château de la reine Blanche. Ce dernier, juché sur son éperon rocheux, domine, vers le Sud, la plaine depuis les vignes en contrebas jusqu'à la

mer, vers le Nord, Anduze et Alès, vers l'Ouest, Sauves et Saint-Hippolyte-du-Fort et vers l'Est enfin, les villages, les collines et les garrigues de la basse-Gardonnenque. Bien qu'il ne reste pas grand chose de l'imposante forteresse, on devine encore la quadruple enceinte qui la défendait côté Nord dont les deux murailles extérieures datent des Gaulois. Les grottes qui s'ouvrent au pied de la falaise ont même été occupées à la préhistoire. De retour à l'embranchement qui conduit au château, on tourne alors à droite sur le chemin qui descend vers la D-188. On prend, à droite sur 600 m, la sympathique petite route passant sous le château, puis poursuivant sur un chemin de

Lac de la Rouvières.

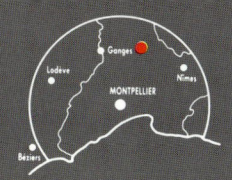

terre, on l'abandonne provisoirement pour la retrouver peu après à la ferme de Nogarède. Passé cette dernière il faudra repérer, à droite, un cheminement entre deux clôtures qui passant derrière la ferme, grimpe sur la colline du bois du Castellas. Après un petit col, on la redescend à travers bois vers le Pontet, en bordure du lac de la Rouvière. On peut aussi faire un petit crochet, un peu avant, en empruntant une piste à gauche ; elle aboutit au même endroit en longeant le lac. Avant de passer le pont, il faut prendre, parallèle au talus, la piste qui, obliquant sur la droite, monte un peu dans la colline, traverse un petit talweg et longe, un peu plus loin des terres cultivées. Suivant le balisage, on revient vers le village de Logrian.

« ... Malgré qu'aucune chronique ne le relate, j'ai la certitude du séjour de cette reine (Blanche de Castille) au château de Roque-Haulte et aux environs, à Sauve, Durfort, Fressac. D'abord Destremx de Saint-Christol nous l'affirme en historien ; ensuite la tradition reste forte qui atteste cette présence ici de Blanche, transmise de génération en génération ; le « champ de la bague » vers Durfort ne peut avoir été inventé, qui doit son nom au fait que la reine aurait perdu là une bague de prix au cours d'une partie de chasse ; enfin depuis cette date l'immense château fort aujourd'hui un monceau de ruines qu'était Roque-Haulte, s'appelle toujours le château de la reine Blanche. Cela ne s'invente pas non plus ».
Jean Germain, lauréat de l'Académie française, in Aperçus Historiques 1962.

Les ruines du château de la reine Blanche et la vue vers le Sud.

LA MER DE ROCHERS DE SAUVE

château de roquevaire, grand aven, mer de rochers

A 47 km au Nord de Montpellier,
après la visite de la petite ville médiévale de Sauve,
un circuit irréel dans le décor lunaire d'un fantastique chaos
de rochers tourmentés. Pour tous.

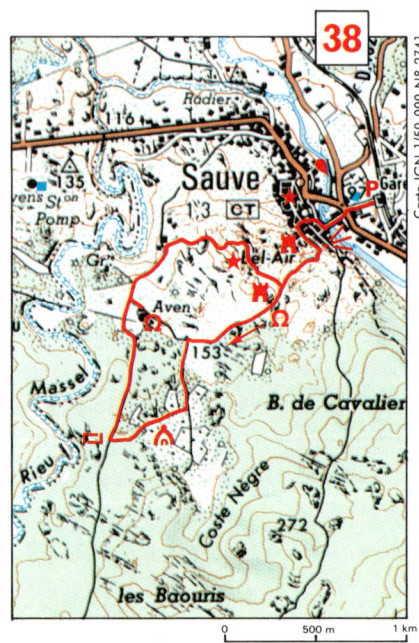

Carte IGN 1/50 000 N° 2741

itinéraire d'accès

Aller à Quissac par la D-17, puis tourner à gauche vers Sauve et Ganges. A l'arrivée à Sauve, garer la voiture, avant le pont, sur la place à gauche, à l'entrée du village.

description

De la place, on s'engage dans une ruelle, entre les maisons, pour traverser le Vidourle sur le vieux pont du XIIe siècle. Juste après, à droite, en longeant la rivière jusqu'à un petit parc public, on peut aller voir la belle source de type vauclusien, dont les eaux en provenance du bois de Coutach bouillonnent au pied même des maisons. On pénètre dans Sauve par l'un des escaliers qui montent à la place de l'église. Remontant par les ruelles médiévales, on trouve le départ des itinéraires balisés. On débouche sur le plateau dominant l'agglomération, d'où l'on a une jolie vue sur les toits du village et sur la campagne environnante. On enchaîne sur un vieux chemin empierré entre des murets, en suivant les flèches rouges et un triangle orangé, laissant sur la gauche l'itinéraire (flèches jaunes) qui mène directement à la mer de rochers. Apparaît alors devant nous le fier château de Roquevaire, ancienne résidence d'été des évêques de Maguelone. Propriété privée, on ne peut pas le visiter, mais on remarquera de loin son bel escalier et sa terrasse, ainsi que son

donjon flanqué de deux cyprès. On continue en le longeant et, un peu plus loin sur la gauche, on trouve le départ d'un court sentier conduisant à la fontaine des Camisards, sorte de faille couverte d'une voûte, au fond de laquelle perle un filet d'eau. De retour sur le chemin principal, on poursuit la promenade entre des murs de pierres sèches, dans un curieux chaos de rochers envahis de végétation. On rejoint un chemin et, abandonnant l'itinéraire balisé de flèches rouges, on tourne à gauche en remontant légèrement et en suivant le balisage bleu. Après un mazet en ruine, on arrive à un croisement où l'on prend le sentier de droite se glissant entre des murets à moitié écroulés. On longe une pâture, au milieu de laquelle s'élève une capitelle, puis on arrive en vue d'un mazet perché sur une éminence, au pied de laquelle on emprunte un bon chemin carrossable. On peut grimper jusqu'au mazet pour admirer la vue en prenant, à l'embranchement d'en face, un vague sentier grimpant dans les lapiaz. En redescendant, on se dirigera à gauche sur le chemin balisé en jaune qui revient sur Sauve. Après deux virages, on prendra, à droite, en remontant le fléchage rouge sur environ 150 mètres, le chemin conduisant à l'énorme orifice du Grand Aven. Le célèbre spéléologue E.A. Martel en fit l'exploration et démontra sa relation avec la source de Sauve. Revenus sur nos pas jusqu'au carrefour en suivant cette fois les flèches rouges dans le bon sens, on reprendra à droite le chemin principal. Au niveau d'un mazet il faut bifurquer à droite en suivant un balisage jaune sur un chemin caillouteux entre des murets. Une fois sur la hauteur, on découvre le superbe chaos de la mer de rochers. Laissant redescendre le chemin des

fiche technique

Longueur : 5,5 km
Dénivelé : 60 mètres
Durée : 2 heures
Difficulté : néant
Période : demi-saison, hiver
Equipement : randonnée légère
Point d'eau : néant
Balisage : divers

Carte Michelin N° : 83 pli 07
Carte IGN 1/25 000 N° : 2741 Est

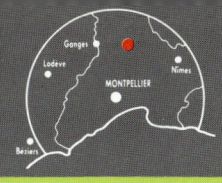

remparts balisé de noir, il faut alors suivre
à droite un itinéraire balisé en jaune, à travers les lapiaz. Dans un dédale de failles et
de blocs, on boucle le circuit en redescendant à gauche sur Sauve par le chemin de
l'aller.

Les fourches de micocouliers

Le micocoulier est une sorte d'orme,
amateur de terrain sec, au bois à la fois
dur et flexible. Depuis le Moyen-Age, on
le taille judicieusement pour obtenir de
superbes fourches à trois branches. La
première fabrique coopérative s'est
ouverte en 1615.

*Le village de Sauve et le château de Roquevaire auquel
on accède par un sentier bordé de murets.*

LA MONTAGNE SAINT-JEAN
le château et la chapelle saint-jean

A 40 km au Nord de Montpellier, une sympathique balade sur une butte en forme de navire : à la proue les ruines d'un château-fort et à la poupe une petite chapelle romane.

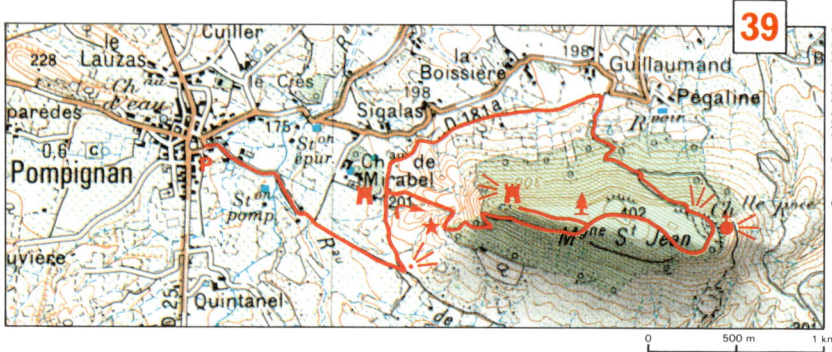

39

Carte IGN 1/50 000 N°2742

0   500 m   1 km

fiche technique

Longueur : 9,5 km
Dénivelé : 225 mètres
Durée : 3 h 30
Difficulté : néant
Période : demi-saison, hiver
Equipement : randonnée classique
Point d'eau : néant
Balisage : jaune - PR N° 31

Carte Michelin N° : 83 pli 07
Carte IGN 1/25 000 N° : 2742 Est

itinéraire d'accès

Prendre la D-17 en direction de Quissac. 3 km après Tréviers, au troisième embranchement vers Valflaunès, bifurquer à gauche vers Pompignan par la D-17e. A Pompignan, garer la voiture sur la place derrière l'église.

description

Dans l'axe de l'église, juste après un transformateur, prendre la petite route qui sort du village entre les villas. Après un passage à gué, elle file vers le Sud-Est entre les vignes en laissant sur la gauche le beau parc du château de Mirabel. Quand on est parvenu à un mazet en ruine, il faut alors tourner à gauche sur une piste de terre qui revient vers le mur d'enceinte du parc. On le longe sur environ 50 m et, juste après le débouché d'une autre piste à droite, on trouve le départ du chemin qui monte également à droite vers la montagne Saint-Jean. Il s'élève dans un paysage raviné et une belle végétation typiquement méridionale composée de thym, de lavande, de romarin, de cades et de pins. A un virage barré par une clôture, on coupe à gauche en longeant cette dernière ; on retrouve le chemin quelques mètres au-dessus. Après un deuxième virage

à droite, la piste continue sa montée, puis progresse en palier. Au moment où elle va amorcer la descente, bifurquer à gauche sur un sentier qui continue en montant légèrement et pénètre dans les bois. Arrivé sur le plateau, il s'infléchit sur la gauche et débouche sur une clairière où l'on trouvera à gauche, marqué par un cairn, le départ du sentier qui mène au castellas. On peut visiter prudemment les imposantes ruines (accès le long du mur par la droite, belle vue vers le nord et vers l'ouest). De retour à l'embranchement de la clairière, il faut alors prendre sur la gauche le sentier qui se faufile vers l'est dans les bois. Ayant rejoint une piste à droite, en suivant le balisage, on atteint bientôt la petite chapelle Saint-Jean. Très ruinée, elle mériterait d'être restaurée : on remarquera la belle porte d'entrée ainsi que l'abside. Le sentier continue en bordure du plateau en tournant vers l'Ouest puis dégringole, à travers bois, dans une brèche sur le versant nord. On arrive enfin dans une vigne que l'on descend sur le côté gau-

Porte de la chapelle St-Jean.

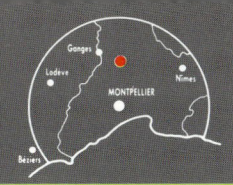

che en longeant un fossé. Juste avant d'atteindre la route, on tombe sur un chemin que l'on prend à gauche. On passe à côté d'une carrière d'extraction de dalles de jardin, puis sous le mas de Chabaud. Laissant sur la droite le hameau de Sigalas, on continue sur le chemin qui s'incurvant à gauche traverse des terres ravinées avant de rejoindre la piste le long du mur de clôture du parc de Mirabel. Là, on peut : soit revenir directement sur Pompignan par le chemin qui rattrape la route à droite, soit continuer le long du mur à gauche et, arrivés au départ du chemin de la montagne Saint-Jean, la boucle étant bouclée, revenir par le même itinéraire qu'à l'aller.

Le château de Mirabel

C'est vers 1237 que les seigneurs de Pompignan seraient descendus de la montagne Saint-Jean et se seraient fait construire le château de Mirabel pour se fixer dans la plaine.

Mémorable tournoi : au Moyen-âge, le seigneur de ces lieux occit sept de ses adversaires dans un de ces tournois ordinairement pacifiques. Ils seraient ensevelis non loin du château.

Siège de 1628 : Mirabel ne resta pas neutre dans les guerres de religion. En juin 1628, Montmorency, gouverneur du Languedoc, assiéga et prit le château tombé entre les mains des réformés.

Asile de pauvres : en 1892, Mirabel fut cédé à des sœurs franciscaines pour devenir un orphelinat et une maison de repos pour déshérités. Aujourd'hui il abrite un établissement pour épileptiques.

Sur le chemin qui monte au Castellas.

LA FORET DE COUTACH
circuit pont du hasard, bois de coutach

A 35 km au Nord de Montpellier,
à partir du joli village de Corconne, un itinéraire
dans la sauvage forêt de Coutach, avec en prime, de curieux
rochers et une chapelle sur un belvédère.

fiche technique

Longueur : 11 km
Dénivelé : 200 mètres
Durée : 3 h 30
Difficulté : néant
Période : demi-saison, hiver
Equipement : randonnée classique
Point d'eau : néant
Balisage : jaune - PR N°34

Carte Michelin N° : 83 pli 7
Carte IGN 1/25 000 N° : 2742 Est

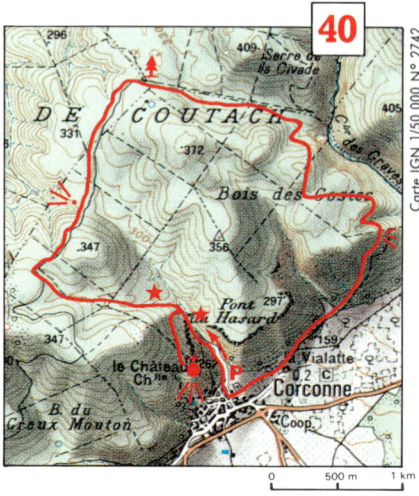

description

Suivant le balisage jaune du PR 34, on commence la balade en prenant plein Nord la piste qui s'engage tout droit entre les deux falaises abritant Corconne. Elle s'interrompt et se prolonge par un sentier qui grimpe dans le fond du vallon et arrive au pied de l'arche naturelle du pont du Hasard. Il faut passer dessous, et poursuivre au fond d'un étroit ravin percé de petits avens. Pénétrant dans l'épais maquis de Coutach, on débouche à une intersection au milieu d'une ancienne charbonnière. Laissant provisoirement notre chemin, qui continue tout droit, on tourne à gauche sur un sentier qui revient en arrière par le plateau vers la petite chapelle. Cette dernière, que l'on atteint côté Sud en la contournant par la droite, est édifiée sur les vestiges à peine visibles d'un ancien château fort. On découvre, depuis la terrasse qui domine la plaine, une très jolie vue sur le village en amphithéâtre et sur la campagne des environs du Pic St-Loup. Revenant sur nos pas jusqu'au carrefour de la charbonnière, on poursuit à gauche en s'enfonçant davantage dans les bois. On suit alors, sur le chemin dit « du Castellas », un itinéraire assez curieux serpentant au milieu de gros blocs de rochers fracturés puis, traversant plusieurs aires de charbonnier, on recoupe enfin une bonne

Le pont du hasard.

itinéraire d'accès

Prendre la D-17 en direction de Quissac. Faire 33 km pour arriver au village typique de Corconne adossé à la colline. Garer la voiture sur la place de la mairie ou derrière l'école.

piste qui conduit sur la droite à un belvédère, dégageant une vue vers l'Ouest sur les environs de Pompignan. Poursuivant dans la garrigue par le chemin appelé « chemin de Provençal », on redescend sur un replat boisé et une clairière ombragée de cèdres au lieu-dit « les trois termes », puis la piste s'infléchit vers l'Est en direction de

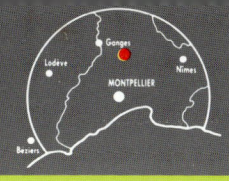

la Combe-des-Graves. Après avoir laissé sur la gauche une piste partant en retrait et, un peu plus loin, étant passés à proximité de curieux bosquets de cèdres, de pins et même de cyprès, on arrive à une bifurcation. Abandonnant la piste principale qui s'engage à gauche dans le vallon, on tourne à droite sur un chemin vite réduit à un étroit sentier. Celui-ci, laissant un embranchement filer tout droit, effectue un premier coude à gauche, puis, en balcon au-dessus d'un ravin sauvage, en effectue un deuxième avant d'entamer, par une grande boucle, la descente sur Corconne. On traverse des olivettes avant d'arriver au village par le chemin du cimetière.

La chapelle, sur les ruines du château, domine les falaises qui abritent le village de Corconne.

LE BOIS DE PARIS
circuit aspères, bois de paris

A 35 km au Nord-Est de Montpellier, un circuit sans prétention mais traversant des paysages typiques de la garrigue de Sommières.

ligne à haute tension. Laissant tous les chemins à gauche, on remonte progressivement, en déviant peu à peu sur la droite,

itinéraire d'accès

Prendre sur 9 km, jusqu'à Vendargues, la N-113 en direction de Nîmes, puis bifurquer à gauche sur la N-110 en direction d'Alès jusqu'à Sommières. A l'entrée de cette petite ville, avant de passer le pont sur le Vidourle, prendre à gauche, puis tout de suite après, à droite la D-35 en direction de Quissac. Faire 4,5 km et tourner à gauche vers Aspères. Garer la voiture près de l'église.

description

L'itinéraire PR-31, balisé en jaune, emprunte la petite route qui part sur la droite, juste après la mairie. On passe derrière le cimetière et les ruines de l'ancienne abbaye bénédictine de Psalmodie. A une fourche, prendre la branche de gauche. On passe à côté d'une ancienne bergerie dont on remarquera les belles arcades, puis sous une

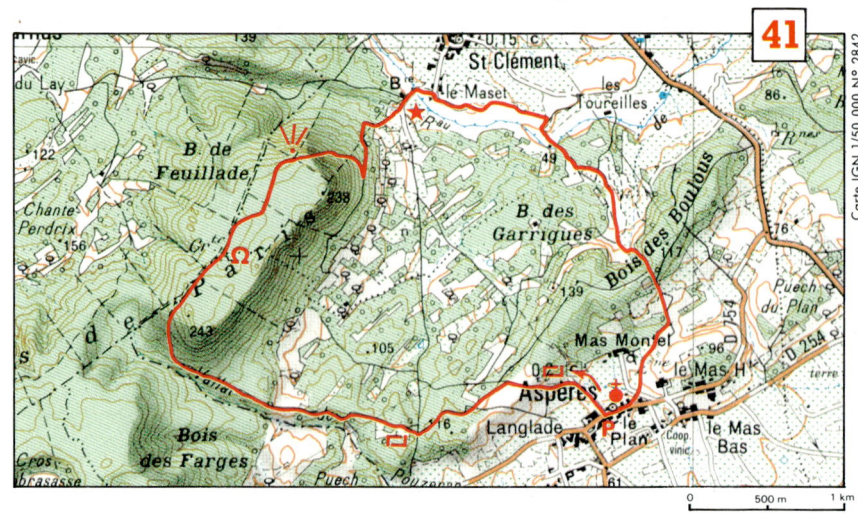

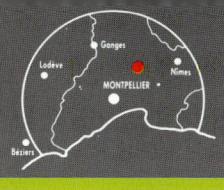

une piste forestière récemment tracée au bulldozer. On découvre une jolie vue sur le Pic St-Loup, l'Hortus, la région de Pompignan et la campagne de St-Bauzille-de-Montmel. Une fois sur le plateau, on laisse sur la droite une piste de service qui s'enfonce dans les bois, puis on arrive à un nouvel embranchement. De là, au départ de la piste de droite, on repèrera, sur la gauche, le sentier balisé en jaune qui conduit en peu de temps à la grotte du bois de Paris. Un escalier taillé dans la roche permet d'y descendre. Les restes d'une canalisation d'eau indiquent que cette cavité fut probablement habitée ou utilisée comme citerne. De retour au carrefour, prendre la piste de gauche qui bientôt se prolonge par un sympathique chemin serpentant dans la garrigue. On commence alors la jolie descente sur St-Clément. Passant sous le rocher de la Monnaie, on découvre la campagne environnante. On fait deux lacets, puis on tourne à gauche et, après un ancien pont, on arrive aux premières maisons du village. Au lieu d'y entrer, on tourne à droite, juste après la croix, puis à gauche. En suivant le balisage, on longe un petit lotissement, puis un champ. On contourne ensuite un mazet, avant de tourner à droite sur un chemin longeant une haie de roseaux. On passe un ruisseau et grimpe, en appuyant sur la droite, dans un paysage typiquement méditerranéen de pinèdes, garrigue, vignes et oliveraies. Remontant maintenant la colline, récemment défrichée, on repasse sous la ligne THT (Très Haute Tension) et continuant tout droit, au croisement, on redescend sur Aspères en suivant la piste principale qui contourne, par la gauche, le beau Mas de Montel.

L'église St-Julian près de Salinelles.

Circaète

Reinette

Couleuvre de Montpellier

DES BETES DU MIDI

Des sens à retrouver

Des contreforts cévenols à la Camargue, vos pas vous guideront dans des milieux bien différents. Vous les verrez, mais... fermez les yeux, « on ne voit bien qu'avec le cœur » disait le renard, au Petit Prince, et sentez. Votre peau vous racontera la chaleur et la sécheresse des plaines et des adrets, la fraîcheur des ombres, votre nez vous révèlera le passage d'un renard. Ecoutez... Vos oreilles seront tour à tour bercées par le chant mélodieux de nos fauvettes méditerranéennes, intriguées par la trille répétée sans fin de l'ortolan, vrillées par le vacarme des cigales. Laissez la roche parler à vos pieds et les épines à vos chevilles... un peu ! Maintenant vos yeux verront, vous serez un peu l'animal que vous allez rencontrer, le chevreuil ou le mouflon de l'Aigoual, le flamand de Camargue ou le lapin de la garrigue.

Des yeux

Où que vous soyez, vous ne manquerez pas de rencontrer ce papillon jaune orné de larges taches orangées : le Citron provençal. Mais l'arbousier vous laissera-t-il apercevoir le Jason ou Pacha à deux queues ? Acceptez la partie de cache-cache que vous proposent les cigales, suceuses de sève, célébrant le soleil après sept ans de vie souterraine. Si ce jeu n'a plus de secret pour vous, vous êtes prêt à surprendre le Diablotin ou Empuse, cette cousine discrète des Mantes, figée sur une brindille, se confondant avec elle ; ne vous fiez pas à son immobilité, elle ne somnole pas, chasseuse redoutable, elle guette.

Et des oreilles

Mais prêtez aussi l'oreille. Une perdrix cacabe au loin, quand elle ne vous part pas dans les pieds. Une galopade un peu lourde dans les herbes sèches... un lapin ? Non, un éclair vert de bonne taille file se réfugier sous un rocher : le Lézard ocelé, l'Arrassado ; peut-être en dispute avec un autre ogre de la garrigue : la Couleuvre de Montpellier (pouvant atteindre 2,5 m de long et le diamètre d'un poignet).
Ces deux reptiles sont d'impressionnants prédateurs, à l'affut de tout ce qui bouge, y compris à l'occasion de leurs propres congénères. Mais vous n'avez guère à les craindre, parmi les 25 espèces de reptiles présents dans la région, seule la Vipère aspic, rare en garrigue, plus commune en moyenne montagne, représente un danger... bien fuyant.

Peut-être des jumelles ?

Si le sol est surtout un monde d'insectes, de lézards et de serpents, que la chaleur active, levez un peu le nez et la gente ailée se dévoilera à vous. Des pies-grièches postées au sommet des buissons au discret merle de roche promenant sa parure bleu métallique et orange c'est un festival de livrées. Mais c'est sans doute les habitants des trous qui nous révèleront les plus éclatantes, en particulier les Guépiers, appelés aussi « chasseurs d'Afrique ». La plupart sont de grands consommateurs d'insectes, nombreux dans ces milieux.
Les reptiles n'échappent pas plus aux oiseaux, en particulier, au Circaète, facilement reconnaissable à son vol suspendu (en « Saint-Esprit »). Peut-être verrez-vous un de ces petits aigles, ramenant dans son bec une longue couleuvre à ses jeunes affamés. Mais le plus emblématique est sans aucun doute l'Aigle de Bonelli (cousin de l'Aigle royal,

lui aussi présent) qui fait l'objet des soins attentifs des protecteurs de la nature, ainsi que le très rare Percnoptère.

L'eau : un trésor de vie

La moindre lavogne, le plus petit trou d'eau regorge de vie, mais, là comme ailleurs, il faut savoir la dévoiler.

C'est aussi le rendez-vous, souvent nocturne et matinal, de tous les oiseaux et mammifères des environs, venant là s'abreuver, se baigner.

Laissez vous fasciner par ce jeu de vie et de mort, mais ne le perturbez pas. Derrière ces spectacles de couleurs et de chants, un seul but : survivre.

Lapin des garrigues

LE BOIS DE LENS

circuit montmirat, les 4 chemins, combe de l'aven

A 45 km au Nord-Ouest de Montpellier, un circuit au cœur de la garrigue gardoise, à la découverte d'un vaste bois des environs de Nîmes.

fiche technique

Longueur : 12 km
Dénivelé : 165 mètres
Durée : 4 h 30
Difficulté : néant
Période : demi-saison, hiver
Equipement : randonnée classique
Point d'eau : néant
Balisage : jaune

Carte Michelin N° : 83 pli 8
Carte IGN 1/25 000 N° : 2842 Est et Ouest

itinéraire d'accès

Prendre la N-113 en direction de Nîmes jusqu'à Vendargues, puis bifurquer à gau-che vers Alès par la N-110. Continuer 15 km après Sommières jusqu'à Montmirat. Après la sortie du village, tourner à droite vers le hameau des Prades. Prendre le che-min qui descend à gauche et garer la voi-ture sur le côté, juste après le ruisseau.

description

Après quelques dizaines de mètres prendre le premier chemin qui remonte à droite entre une olivette et une vigne, pour rejoindre celui qui vient directement du village. On tourne alors à gauche, puis à une fourche, 100 mètres plus loin, encore à gauche en longeant un verger sur un vieux chemin empierré très défoncé remontant dans le bois de la Pignède. Laissant d'abord deux

L'aven de Matelas.

sentes à gauche, puis une à droite, on arrive sur un replat où l'on recoupe un chemin que l'on prend à droite à angle droit. Peu après, à la fourche, on oblique à gauche pour rejoindre au Plan des Masques le chemin de Crespian. La montée se poursuit dans une garrigue clairsemée de pins jusque sur le plateau au lieu-dit « les Quatre chemins ». De là, on a un joli point de vue sur les bois en contrebas et au loin sur les collines des environs de Quissac. Obliquant à droite, on rejoint un peu plus loin la nouvelle piste forestière qui traverse de part en part et du Nord au Sud tout le bois de Lens. On l'emprunte à gauche sur 700 mètres envi-ron, avant de bifurquer à droite sur un bon chemin montant à travers une épaisse végé-tation. Arrivés en haut de la côte, on devra repérer à gauche une sente se faufilant dans les buissons. Elle conduit, en se divisant, aux porches respectifs des grottes de Bragassar-gues. Camouflées dans les arbres, les bau-

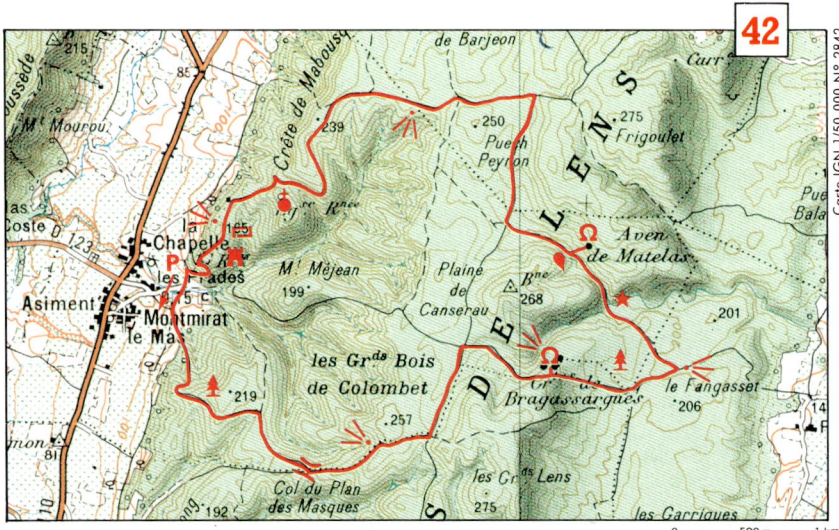

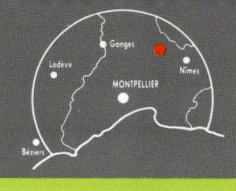

mes sont en réalité curieusement constituées d'une même galerie, percée de plusieurs regards. Un petit promontoire rocheux permet d'avoir une échappée sur le ravin en contrebas. Revenu sur le chemin on redescend sur le versant Est, et laissant un premier chemin à gauche, on rejoint une piste à droite, puis le large coupe feu du Fangasset. 300 mètres après, il faut prendre à gauche un chemin qui monte très légèrement vers le Nord-Est avant de plonger vers le ruisseau de la Combe de l'Aven. On remonte ce dernier par une vague piste le suivant plus ou moins et on atteint une clairière. (Un crochet par une sente gravissant un pierrier à droite, permet d'atteindre un banc rocheux dans lequel s'ouvre l'orifice de l'aven de Matelas). Continuant le chemin, on retrouve un peu plus loin la grande piste médiane du bois de Lens. On la poursuit à droite sur 800 mètres environ avant de bifurquer à gauche sur un chemin filant vers l'Ouest par le travers de la colline de Puech Peyron. A la patte d'oie du col de Majourdan on descend légèrement en face pour contourner la Combe de Jouffe. Suivant ensuite, vers le Sud, la crête de Mabousquet, le chemin effectue une large boucle avant de rallier la jolie place herbeuse du petit col situé au pied même des ruines de l'ancienne église de Jouffe. Un sentier à gauche permet d'atteindre le clocher émergeant de la végétation. On continue la descente, puis passant sur la crête près des ruines d'une ancienne bergerie, on contourne par la gauche le mur d'enceinte d'un castellas. 150 mètres après le virage en épingle à cheveux qui suit, on trouvera à gauche un chemin de terre qui revient vers les Prades en longeant un champ.

Une bergerie en ruine et le porche des grottes de Bragassargues.

LES CAPITELLES DE BLAUZAC

circuit blauzac, le bois des capitelles, sagries

A 70 km au Nord-Est de Montpellier, une bucolique incursion en Uzège, au pays de la vigne, des oliviers, des garrigues et des capitelles.

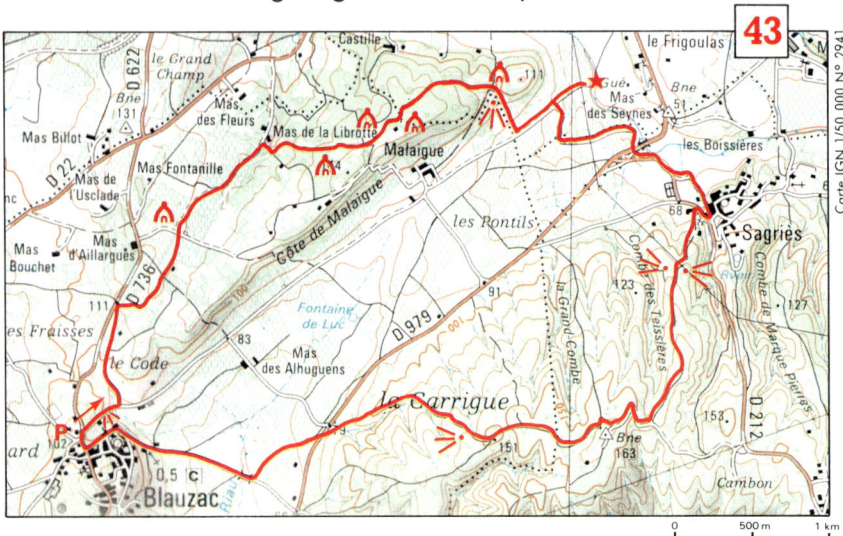

Carte IGN 1/50 000 N° 2941

fiche technique

Longueur : 12 km
Dénivelé : 100 mètres
Durée : 4 heures
Difficulté : néant
Période : demi-saison, hiver
Equipement : randonnée légère
Point d'eau : néant
Balisage : jaune - PR N° 3

itinéraire d'accès

Aller jusqu'à Nîmes par l'autoroute A-9. Du centre de la ville prendre la direction d'Uzès par la D-979. 1 km après le pont Nicolas, tourner à gauche vers Blauzac par la D-736.

Carte Michelin N° : 80 pli 19
Carte IGN 1/25 000 N° : 2941 Ouest

Garer le véhicule sur un élargissement à la sortie du village.

description

A la sortie de Blauzac vers Arpaillargues, prendre à droite la première petite route qui descend en bas du village. Au fond du talweg tourner à gaucher et prendre le chemin balisé en jaune. On passe à travers champs, par un itinéraire assez mal tracé sur environ 1 km, avant de rejoindre la route d'Arpaillargues. On s'en écarte aussitôt pour récupérer, en vue du mas d'Ail-

largues, un bon chemin agricole. Celui-ci passe derrière une première capitelle en bordure de champs. Poursuivant vers le Nord-Est, les tours du duché d'Uzès se détachant sur l'horizon, on dépasse un croisement, avant d'arriver au Mas de la Librotte et à sa petite capitelle. A cet endroit, on tourne à droite à angle droit sur un chemin qui, après avoir contourné un champ, s'engage en montant légèrement dans le sous-bois. On arrive à hauteur d'une nouvelle capitelle nichée dans la végétation. Continuant sur un plateau à la végétation touffue, on atteint une clairière plantée d'oliviers, au fond de laquelle on découvre une nouvelle et superbe capitelle. Reprenant le chemin, on débouche sur une oliveraie que l'on contourne par la gauche, en suivant un muret jusqu'à une maisonnette. De là, on retrouve un chemin à droite qui, se dirigeant vers l'Est, bute sur un portail. On poursuit à droite sur un sentier qui s'incurve vers le Nord-Est à travers bois. Après deux nouvelles capitelles regroupées, on s'oriente peu à peu vers la droite en redescendant dans une végétation plus clairsemée. On sort des bois et, laissant un chemin sur la gauche, on passe encore à proximité de deux capitelles avant de descendre entre vergers et cultures jusqu'à l'ancienne voie romaine de Nîmes à Uzès. La prenant à gauche sur 500 mètres, et laissant provisoirement, un peu plus loin sur la droite, le chemin par lequel se continuera la balade, on pourra aller voir l'ancien pont bien conservé qui enjambe le ruisseau de Seynes. Il faut ensuite revenir sur ses pas pour s'engager sur un chemin d'exploitation agricole (à gauche en revenant) qui, longeant d'abord un fossé, puis obliquant vers l'Est à travers les cultures, recoupe la D-979. L'ayant tra-

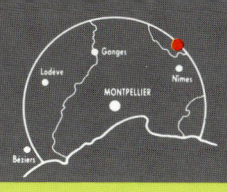

GARD
Gardonnenque

versée, on rejoint Sagriès par la D-212. Après la visite de ce joli village, il faut revenir sur la route et prendre en face de l'arrêt d'autobus, le chemin grimpant dans les pins, derrière les maisons. Suivant le balisage jaune, dans une garrigue clairsemée de pins, on longe un muret et on traverse une petite olivette. Le sentier rejoint un chemin montant peu à peu sur la crête entre les combes des Colières et des Teissières. Plus loin, il recoupe une large piste. Empruntant celle-ci à droite, on atteint, après un virage, une vaste clairière sur le plateau. La dépassant, on oblique, tout de suite après, sur une piste descendant à droite. Cette dernière contourne un talweg et retombe sur la D-979. Après l'avoir traversée, on continue par un chemin qui, coupant à travers les terres, débouche sur une petite route goudronnée remontant vers Blauzac. On rejoint la voiture après avoir traversé ce joli village typique de l'Uzège.

L'origine des capitelles remonterait à l'âge du fer. Elles préexistaient en tous cas à l'invasion romaine. Ce sont des cabanes précaires, voire archaïques, construites en pierres sèches et couvertes sans mortier ni charpente selon le principe de la voûte à encorbellement. Elles servent encore d'abris au chasseur surpris par l'orage, au berger itinérant, aux amoureux en quête d'un toit. Elles furent utilisées comme entrepôt par les vendangeurs ou encore comme resserres à outils. Au XVIIIe siècle les capitelles permirent aux camisards de se cacher.

Trois capitelles parmi tant d'autres.

LE GOUFFRE DES ESPELUGUES

les espelugues de dions

A 54 km au Nord-Est de Montpellier, un étrange gouffre envahi par une abondante végétation et un sympathique périple dans les garrigues du Nord de Nîmes.

fiche technique

Longueur : 8 km
Dénivelé : 60 mètres
Durée : 2 h 30
Difficulté : néant
Période : demi-saison hiver
Equipement : randonnée légère
Point d'eau : néant
Balisage : jaune - PR N° 1

itinéraire d'accès

De Nîmes, prendre la direction d'Alès par la N-106. Faire 15 km puis, à La Calmette, tourner à droite et continuer sur 3,5 km la D-22 qui mène à Dions. Garer la voiture sur la place de la mairie.

description

De la place de la mairie on monte au sommet du village par la rue des Espélugues. Sur le plateau, à la dernière villa, tourner à gauche en épingle à cheveux sur la petite route qui rejoint l'impressionnante doline en escalier du gouffre des Espélugues. Contourner ce dernier par la droite (balisage jaune) pour trouver, diamétralement opposé, le seul itinéraire qui permet d'y descendre. Attention, le sentier est raide et glissant avec un petit ressaut à désescalader. Le vaste

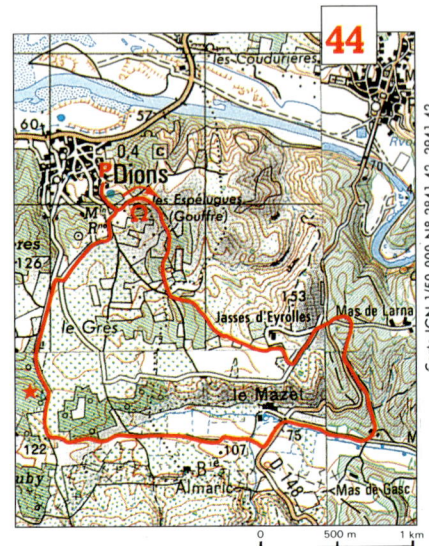

Carte Michelin N° : 83 pli 08
Carte IGN 1/25 000 N° : 2841-42/E, 2941-42/O

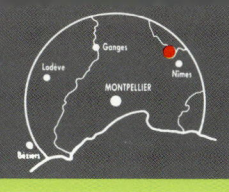

terre-plein du fond est envahi par une abondante végétation donnant au site un aspect tropical. De retour à la surface par le même chemin, on poursuivra au-delà du gouffre l'itinéraire marqué PR et balisé en jaune. On passe alternativement au travers de zones boisées et de clairières, puis on longe, en lisière des bois, de vastes terres cultivées avant de rejoindre une petite route. Remontant cette dernière sur la gauche au milieu des cystes la vue s'étend au-delà du Gardon vers le Mont Bouquet. Au niveau d'un petit col on arrive à un carrefour. Pour retrouver le chemin, il faut descendre à droite, dans le maquis, en suivant les marques jaunes. Longeant le fond d'un petit talweg, on débouche sur une petite route à proximité d'une ancienne bergerie reconvertie en habitation. Prenant à droite cette petite route qui file droit au milieu des cultures, on rattrape la D-418 au niveau de la ferme de Lemazet. On poursuit à gauche sur 200 mètres environ avant de tourner à nouveau à droite sur un large chemin de terre qui, après avoir contourné Lemazet file tout droit à travers champs. On rejoint un autre chemin, mais laissant ce dernier pénétrer à droite dans les bois, on continue sur un sentier qui se faufile à gauche dans les arbres et qui, passant dans la végétation en s'écartant d'un mazet, rejoint une piste empierrée. Cette dernière, à droite, revient sur Dions, notre point de départ, en rejoignant un peu plus loin le GR63. Un peu avant, on trouvera le départ, à gauche dans les bois, d'un itinéraire balisé conduisant au curieux ravin coloré du Fougeras.

Remarque : prendre une lampe de poche pour la visite du gouffre.

Les ocres du ravin de Fougéras.
Le porche de la grotte au fond du gouffre.

LES GORGES DU GARDON
chapelle st-véredème, grotte de la baume

A 60 km de Montpellier, un ermitage niché dans une falaise au cœur des gorges du Gardon, une grotte qui traverse la montagne, un parcours le long du Gardon dans une végétation luxuriante : dépaysement assuré.

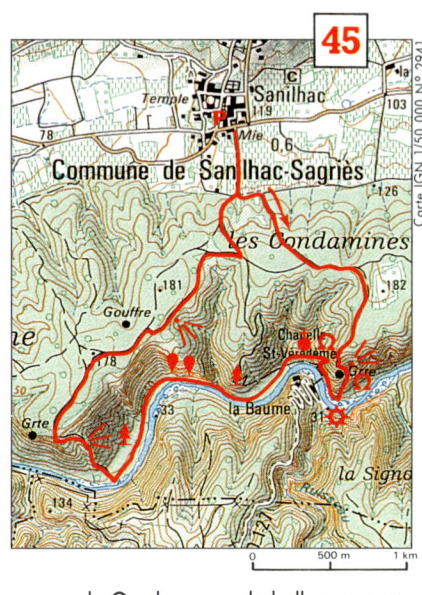

fiche technique

Longueur : 8 km
Dénivelé : 150 mètres
Durée : 4 heures
Difficulté : sentier un peu raide
Période : toutes saisons
Equipement : randonnée classique
Point d'eau : sources non potables
Balisage : rouge, rouge et blanc (GR)
Remarques : prendre lampe de poche

itinéraire d'accès

De Nîmes, prendre la direction d'Uzès par la D-979 sur 15 km environ. 1 km après le Pont St-Nicolas sur le Gardon, prendre à droite la D-112 en direction de Callias jusqu'à Sanilhac. Garer la voiture sur la place du village.

Carte Michelin N° : 80 pli 19
Carte IGN 1/25 000 N° : 2941 Ouest

Le site de l'ermitage et la falaise de la Baume Saint-Vérédence.

description

De la voiture, revenir sur la D-112 et prendre en face la petite route qui part droit vers le Sud, au milieu des vergers. Au pied de la colline, prendre, sur une centaine de mètres, la piste principale qui continue vers la gauche, en longeant les cultures, avant de grimper, à droite, dans la garrigue. On la poursuit 1 km jusqu'à un portail ouvrant sur des terres cultivées. Une cinquantaine de mètres avant, à l'endroit où la piste s'élargit légèrement, on trouvera sur la droite le départ d'un sentier, assez peu visible dans l'épais maquis, mais balisé par des marques de peinture rouge. Commence alors un curieux cheminement dans un tunnel végétal composé d'arbousiers, de chênes verts, de buis et de cades. Au bout d'un moment, la végétation s'éclaircit. On entame alors la véritable descente dans les

gorges du Gardon avec de belles vues sur le hameau de la Baume en contrebas. En suivant le balisage rouge, on laisse d'abord un premier sentier qui part en vire sur la droite, au pied d'un petit ressaut, puis on en trouve un deuxième, un peu plus bas à droite, qui mène à l'entrée de la grotte de la Baume-St-Vérédème. Avec une lampe de poche, on peut en effectuer la courte traversée qui permet de rejoindre l'ermitage. Cette grotte fut autrefois aménagée et richement décorée. Faute d'éclairage, on continue le sentier principal jusqu'en bas sur la berge du Gardon. On remonte en suivant la rive jusqu'à la chaussée d'un ancien moulin. Au-delà, on trouvera le chemin qui monte à droite vers la chapelle St-Vérédème. Cette dernière, engagée sous la roche, conserve des traces de peinture. Le sentier, taillé dans la falaise, rejoint l'autre porche d'entrée de l'ermitage. Revenus au bord de la rivière, on commence alors un parcours de 2 km le

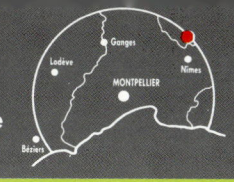

long du Gardon en le remontant, rive gauche. Le sentier se faufile à travers de grands
arbres et une épaisse végétation exubé-
rante. On passe alternativement au milieu
des bois puis sur des dalles rocheuses. On
traverse un chaos où percolent de nombreuses sources et résurgences (non potables). On
trouvera, lors des périodes de hautes eaux,
des itinéraires parallèles passant un peu plus
haut. De grandes fougères donnent au site
une ambiance tropicale. On bénéficiera sur
le trajet de nombreux coins ombragés pour
le pique-nique et la baignade. Le départ de
l'itinéraire de retour sur le plateau n'est pas
très facile à trouver. Il faut continuer au
bord de l'eau jusqu'au niveau de la fin
d'une falaise visible sur l'autre rive (On aura
laissé sur notre droite un bois de grands pins
parasols). A ce moment, on cherchera un
cheminement pénétrant sur la droite dans
les roseaux et l'abondante végétation. Il
remonte dans une clairière, au bout du bois
de pins, avant de quitter la vallée en grimpant allègrement dans la garrigue. Arrivés
sur le plateau, on poursuit tout droit sur la
piste que rejoint le GR-6 et on continue sur
environ 2 km le chemin principal, qui nous
ramène au point de départ.

Remarque : arbouses en octobre et novembre. Ne pas oublier la lampe de poche.

Le Gardon aux crues subites et dévasta-
trices coule entre deux falaises de Dions
au Pont du Gard. Ce dernier fut un des
seuls à ne pas être emporté lors de la
fameuse crue de 1958 qui noya Alès,
Anduze et Remoulin. Plus de 50 grottes
préhistoriques trouent les parois des deux
rives.

Chemin de l'ermitage taillé dans la falaise et le moulin
de la Beaume sur le Gardon.

LE ROC DE GACHONNE

roc de gachonne, congénies, la pierre plantée

A 38 km au Nord-Ouest de Montpellier, un circuit facile en Vaunage agrémenté de quelques curiosités typiques de la garrigue gardoise.

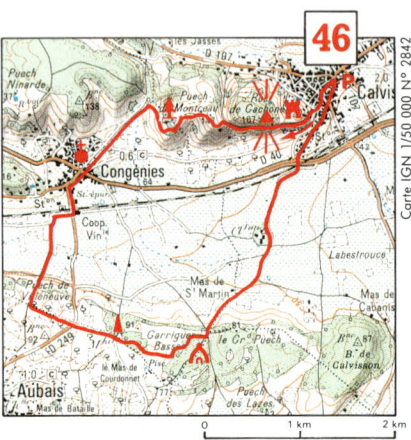

Carte IGN 1/50 000 N° 2842

Carte Michelin N° : 83 pli 8
Carte IGN 1/25 000 N° : 2842 Est

description

Il faut commencer par remonter la grand-rue jusqu'à la place des halles. On tourne alors à gauche puis immédiatement après, on prend à droite la petite rue qui longe les écoles et recoupe une autre ruelle. A partir de là commence le sentier balisé en jaune. En suivant le parcours de santé on monte à droite sur une première éminence boisée au sommet de laquelle on devine les vestiges du château de Guillaume de Nogaret, seigneur de Calvisson (1260-1313). Passé

une sorte de col, on grimpe alors vers les moulins et le belvédère du roc de Gachonne. De là-haut, on domine toute la plaine jusqu'à la mer. Par temps clair la vue s'étend du Mont Ventoux au Canigou. Les quatre moulins (dont un s'est écroulé en 1939) produisaient au XVIIIe siècle une des meilleures farines de la région. En suivant le balisage jaune, on continue par le sentier qui file vers l'Ouest à flanc de colline et qui, ayant rejoint le chemin principal, serpente maintenant à travers pinèdes et anciennes oliveraies. En vue de Congénies, on oblique à droite sur un chemin conduisant à une petite route qui nous ramènera au village. On traverse ce dernier en passant devant sa curieuse église fortifiée, et on en sort par la route d'Aubais. Devant la cave coopérative, on prend à droite une piste de terre qui après un virage à gauche, file tout droit vers le Sud à travers champs.

fiche technique

Longueur : 12 km
Dénivelé : 180 mètres
Durée : 4 heures
Difficulté : néant
Période : demi-saison, hiver
Equipement : randonnée légère
Point d'eau : Calvisson, Congénies
Balisage : jaune, rouge

itinéraire d'accès

Prendre la direction de Nîmes sur 9 km par la N-113 jusqu'à Vendargues, puis obliquer à gauche vers Alès par la N-110. Juste avant la sortie de Sommières, tourner à droite en direction de Nîmes et faire 10 km jusqu'à Calvisson. Garer la voiture sur la place du village.

Le village de Calvisson depuis le Roc de Gachonne et le menhir de la Pierre Plantée.

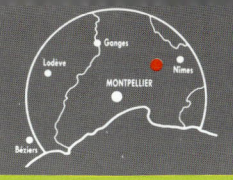

On laisse cette piste obliquer à gauche pour
continuer sur un chemin de terre qui après
avoir coupé une piste perpendiculairement,
monte dans la colline boisée du puech de
Villeneuve. On tourne ensuite à gauche,
puis ayant croisé la route d'Aubais, on
arrive au menhir du carrefour de la Pierre
Plantée. De là, il faut continuer tout droit
sur une piste forestière qui serpente dans la
garrigue et les bosquets de pins. On remarquera au passage une jolie capitelle dissi-
mulée dans les arbres. A un carrefour il faut
s'engager à gauche sur un chemin descendant sur la droite en direction de Calvisson.
On rejoint enfin le village en contournant
le Mas de la Livière.

*Ancien moulin du château de Calvisson et une capitelle
dans la garrigue d'Aubais.*

LA VIA DOMITIA, AMBRUSSUM

ambrussum, le pont romain et la via domitia

A 28 km à l'Est de Montpellier, sur les traces d'Annibal et de ses éléphants qui seraient passés par là, une évocation de ce que fut une des grandes voies de communication à l'époque romaine.

fiche technique

Longueur : 4,5 km
Dénivelé : 40 mètres
Durée : 2 heures
Difficulté : néant
Période : toutes saisons
Equipement : randonnée légère
Point d'eau : néant
Balisage : bleu

Carte Michelin N° : 83 pli 8
Carte IGN 1/25 000 N° : 2843 Est

itinéraire d'accès

Prendre la N-113 en direction de Nîmes. A Lunel tourner à gauche vers Sommières par la D-34. Faire 2,5 km puis bifurquer à droite vers Villetelle. 800 mètres après le pont sous l'autoroute, au premier virage à gauche, prendre tout droit la petite route qui, suivant les panneaux, repasse sous l'autoroute et conduit au pont romain. On peut garer la voiture avant d'arriver au pont sur le bas côté à proximité des fouilles des quartiers bas.

description

On commence la visite du site d'Ambrussum en allant jeter un coup d'œil sur les vestiges, visibles à gauche de la route, de ce qui était probablement une auberge (1er s. ap.

J.C.). Puis, en continuant, on arrive aux ruines du pont romain enjambant le Vidourle et sur lequel passait la Via Domitia. Un projet de mise en valeur pédagogique de l'ouvrage et de ses abords est en cours. A droite, à côté des panneaux explicatifs, le départ du sentier montant vers Ambrussum est matérialisé par la reproduction en résine d'une borne milliaire. On rejoint un peu plus haut la rue principale pavée qui remonte la colline. On remarquera les ornières laissées par les roues des chars et les nombreuses amorces des voies quadrillant l'agglomération. Arrivés à la ville haute, à partir de ce qui fut un édifice public, on pourra aller voir à droite les fouilles et les vestiges des anciens remparts pré-romains (IIIe s. av. J.C.) jalonnés de plusieurs tours de défense. Revenus sur nos pas, on suit la voie pavée qui, après avoir effectué un S, rejoint le parking supérieur. De là, il faut prendre le chemin qui file tout droit vers l'Ouest. On se fraiera ensuite un passage légèrement à droite dans les broussailles. Cet itinéraire rectiligne appelé « chemin de la monnaie » corres-

Les vestiges des bas-quartiers d'Ambrussum.

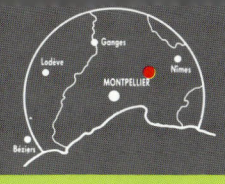

pond au tracé de l'ancienne voie romaine. On devine encore le talutage sur lequel elle était édifiée. Au bout d'environ 1 km, on croise une large piste de terre que l'on prend à gauche. On traverse une zone boisée de pins avant de suivre une petite route à gauche dans le périmètre d'une manade de taureaux. Passant entre les enclos du mas du Paradis, on arrive à la piste qui, encore à gauche, nous ramène à travers les pâturages, vers le parking supérieur d'Ambrussum. On revient au bord du Vidourle par le chemin qui descend à droite de l'oppidum. Longeant la rivière à gauche, on pourra descendre, à droite, sur l'ancienne chaussée d'un moulin d'où l'on aura une belle vue d'ensemble sur le pont romain.

La Via Domitia, qui va du Rhône aux Pyrénées, est la plus ancienne voie construite par les Romains en Gaule. Tracée par Cneus Domitius Ahenobarbus, proconsul de la province de la Narbonnaise en 121 av. J.C., elle fut d'abord une route militaire vers l'Espagne, puis elle devient une importante voie de communication pour l'information et le commerce. Les bornes milliaires qui la jalonnent indiquent la distance en milles romains (1481 mètres) à partir du chef-lieu (Civitas) et portent le nom de l'empereur et de ses titres souvent cumulés (pontife, tribun, consul, impérator). L'oppidum préromain d'Ambrussum, occupé dès la fin du 6e siècle avant J.C. au 1er siècle ap. J.C., était un relais d'étape (tous les 30 km) sur la voie domitienne.

Alain Peyre, D.R.A.C.

Le pont de la Voie Domitienne sur le Vidourle et une rue pavée d'Ambrussum.

COMITE DEPARTEMENTAL DE LA RANDONNEE PEDESTRE

COMITE DEPARTEMENTAL DE COURSE D'ORIENTATION DE L'HERAULT

vous propose
avec l'aide des 30 associations de randonnées
affiliées à la
Fédération Française de Randonnée Pédestre

■ 50 circuits de petite et de moyenne randonnée balisés et entretenus.
■ 450 km de sentiers de grande randonnée sur le département.
■ Une formation d'animateurs de randonnée (brevet Fédéral)
■ Une plaquette descriptive de 25 circuits.
L'Hérault « à pied » ça fait envie.

Renseignements et informations

COMITE DEPARTEMENTAL
DE RANDONNEE PEDESTRE
Chambre d'Agriculture
Place Chaptal
34076 Montpellier Cedex 2
Tél. : 67.92.88.00

La Course d'Orientation
est son domaine !

■ PRENEZ   *Une carte d'orientation + un short + un maillot léger (manches longues conseillées) + des protèges-tibias (recommandés) + des chaussures à crampons (non métalliques) + une boussole (spécial C.O.) et vous deviendrez un orienteur.*
■ CHERCHEZ   *Le meilleur itinéraire possible, à travers bois, prairies, rochers, sous-bois, marais, etc. et vous pratiquerez la Course d'Orientation.*
■ TROUVEZ   *La première balise... et les autres, en poinçonnant votre carte de parcours à chaque fois...*
(Attention : le plus court chemin n'est pas la ligne droite.)
■ ATTEIGNEZ   *La dernière balise... — en temps record..., — en flânant..., — seul..., — en groupe...*

Renseignements et informations

COMITE DEPARTEMENTAL
DE COURSE D'ORIENTATION
DE L'HERAULT
Les Barrières Basses
34150 Aniane
Tél. : 67.57.79.45

DIRECTION DEPARTEMENTALE DE LA JEUNESSE ET DES SPORTS DE L'HERAULT

130, avenue du Père-Soulas - 34090 Montpellier
Tél. : 67.52.23.23

RANDONNER
C'EST AUSSI D'AUTRES ACTIVITÉS SPORTIVES

La Randonnée,
nous on aime !

La Randonnée

L'EQUIPEMENT
PLEINE NATURE

9, rue de Belfort (Poste Rondelet)
TEL. : 67.58.59.10
Du lundi au samedi 10 h à 12 h 30 - 14 h 30 à 19 h

LA DIGUE A LA MER

des stes-maries-de-la-mer au phare de la gacholle

A 62 km au sud-est de Montpellier, le seul itinéraire traversant la Réserve Nationale de Camargue. Un long parcours dans un splendide paysage lagunaire, domaine des oiseaux, des mirages et du Mistral.

fiche technique

Longueur : 22 km aller-retour
Dénivelé : 0 mètre
Durée : 5 à 6 heures aller-retour

Difficulté : longueur, soleil, vent
Période : toutes saisons
Equipement : randonnée légère
Point d'eau : Stes-Maries-de-la-Mer
Balisage : néant

itinéraire d'accès

D'Aigues-Mortes, prendre la direction d'Arles par la D-58. A 1 km environ après le Pont de Sylvéreal, qui enjambe le Petit-Rhône, bifurquer à droite vers les Stes-Maries-de-la-Mer par la D-38. Traverser l'agglomération en direction des plages-Est. On peut se garer avant le poste de péage ou, passé celui-ci, poursuivre sa route jusqu'à un deuxième parking pour gagner du temps ou épargner ses forces.

Carte Michelin N° : 83 pli 19
Carte IGN 1/25 000 N° : 2944 Est et Ouest

description

Après le poste de péage, la piste s'écarte progressivement du rivage et arrive au dernier parking. Au delà on entre dans le périmètre de la zone protégée, interdite aux véhicules à moteur. La piste aujourd'hui quelque peu défoncée s'allonge vers le Nord-Est sur un talus de vase et de galets,

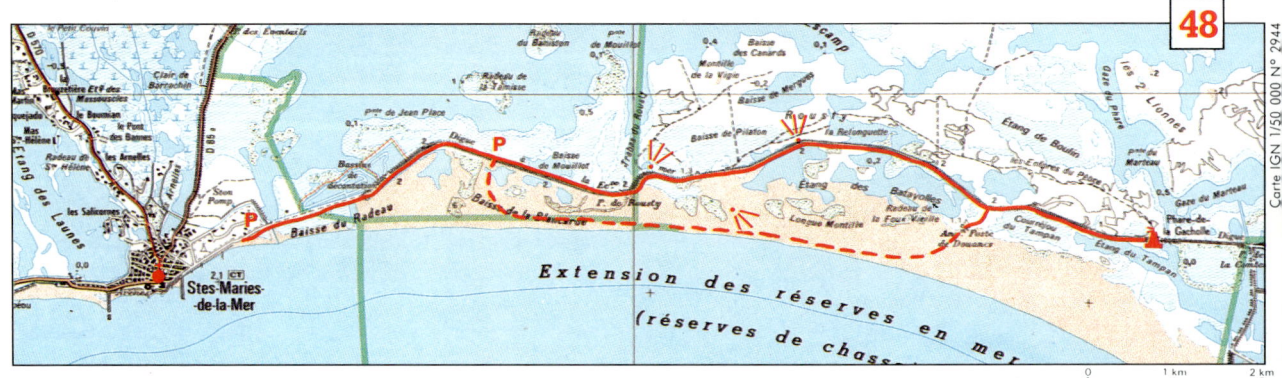

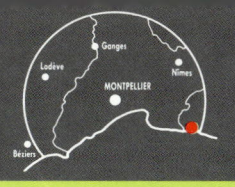

étayé par une double rangée de pieux en bois, la surélevant d'environ 1,5 mètres au-dessus des marais voisins. Un peu comme en Hollande, cette digue a été édifiée pour freiner les appétits de la mer, dévoreuse de terre ferme, quand le vent d'Est lui prête main-forte. Au bout de 3 kms environ, au lieu dit « Pont de Rousty », un panneau nous signale l'entrée dans la réserve nationale de Camargue et nous énonce les diverses consignes et mesures de protection à observer. A partir de ce point, les piétons et les vélos ne doivent pas sortir de la piste et ne peuvent avoir accès au bord de la mer avant la Montille du Génois à 4,5 kms. La vue s'étend à l'infini sur un paysage amphibie de lagunes et de marais tremblant au soleil et dont on ne saurait dire où finit la terre ferme et où commence la mer. Seuls quelques massifs de dunes émergent de ces étendues plates. On arrive enfin au phare de la Gacholle, insolite tour plantée comme un crayon au milieu des marais et qui, avec les phares de Beauduc et du Faraman, balise ces rivages incertains. On revient par le même chemin jusqu'à l'accès à la plage de la Montille du Génois où autrefois se tenait un poste de douanes. A partir de là, si les hautes eaux d'hiver n'ont pas trop envahi le rivage, on peut prendre le chemin du retour sur un cordon sableux posé en équilibre entre les étangs et la mer.

Encore une fois, il est recommandé de ne pas batifoler dans les dunes, au risque non de se perdre, mais plutôt de saccager les fragiles plantes qui fixent le sable.

En hiver, l'itinéraire par la plage peut être impraticable en période de hautes eaux.

La digue à la mer en revenant du phare de la Gacholle et la parade amoureuse des flamants roses.

La Réserve nationale
(13 100 ha)

Créée à l'instigation de la Société Nationale de Protection de la Nature, elle englobe le Vaccarès, les îles et les étangs jusqu'à la mer.

Cet espace protégé comprend le bois des Rièges où prospère le genévrier rouge de Phénicie. De notoriété internationale, la réserve fait autorité dans l'étude des écosystèmes deltaïques. Territoire de nidification exceptionnel, il fallait en interdire l'accès au public pour le bien-être des oiseaux. Trois zones sont cependant accessibles : le domaine de la Capelière, la Digue à la mer et le salin de Badon.

Sauver les dunes

Les dunes forment un système complexe et fragile sur lequel veillent maintenant les écologistes. Lutter contre l'action permanente du vent en dressant des haies d'arbres, en installant des claies de roseaux ou des épis de bois, contenir les débordements du promeneur dont les passages répétés finissent par endommager les plantes, tels sont leurs objectifs. Parmi les végétaux à protéger, l'oyat ou roseau des sables, joue un rôle prépondérant dans la fixation des dunes. Il les éclabousse de taches glauques tranchant sur le sable.

Le chiendent à allure de jonc, le lis de mer remarquablement résistant à l'enfouissement, la camomille et le chardon bleu maintiennent aussi les dunes d'une façon non négligeable.

Bonjour
LA CAMARGUE

Née de l'affrontement du Rhône et de la Méditerranée, modelée par les eaux, le sel, le soleil et le vent, la terre de Camargue est unique.

Camargue, « Païs de la fé di bioù », pays de la foi du taureau pour la « nation gardiane », pays de la foi en Sainte-Sara pour la « nation gitane », elle est surtout un des derniers pays où toutes les nations du monde viennent cultiver leur foi en LA NATURE.

« Bonjour la Camargue »

Un livre riche, attrayant, coloré et abondamment illustré. Un livre vivant pour curieux impénitents.

Le fidèle reflet des multiples facettes de la Camargue : taureaux et chevaux, fêtes et traditions, personnages et anecdotes, faune et flore, monuments et paysages, sans oublier les précieuses informations pratiques pour agrémenter votre séjour entre les bras du Rhône, sous le soleil de la Méditerranée.

Un livre dans lequel on a plaisir à voyager.

Guide pour touristes curieux
TEXTES MT. AYBEL · A. RITAKI

Bonjour
La Camargue

LA POINTE DE L'ESPIGUETTE
de port-camargue à la prise d'eau des salins

A 35 km au Sud-Est de Montpellier, une plage si large et des dunes si hautes qu'on se croirait dans le désert. Pour un dimanche après-midi en famille.

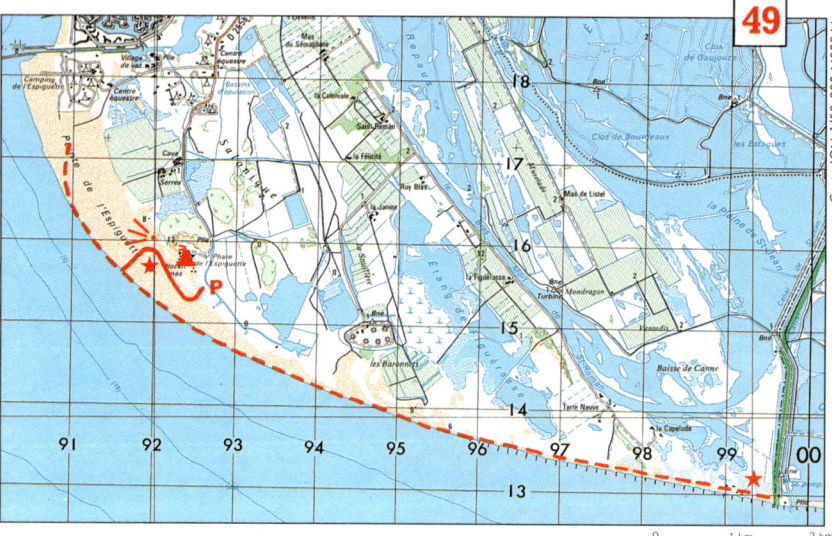

Carte IGN 1/50 000 N°2844

fiche technique

Longueur : de 1 à 18 km aller-retour (au choix)
Dénivelé : 0 mètres
Durée : indéterminée
Difficulté : aucune, pour tous
Période : hiver demi-saison
Equipement : randonnée légère
Point d'eau : néant
Balisage : néant

Carte Michelin N° : 83 pli 18
Carte IGN 1/25 000 N° : 2844 Est

Le phare de l'Espiguette aux portes de la Camargue.

La Compagnie des Salins du Midi créée en 1856 est une espèce d'état dans l'Etat. C'est sans contredit le plus important domaine privé de la Camargue. L'activité de la Compagnie se résume en deux mots : sel et vigne. Le chlorure de sodium est la matière de base de l'industrie chimique, productrice de chlore, sodium et de dérivés. La viticulture est le deuxième secteur d'activité des Salins du Midi. La Compagnie planta de la vigne dès 1875.
Les Salins du Midi font partie du conseil d'administration de la fondation du Parc National de Camargue et entretient aussi une manade.

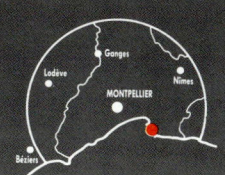

itinéraire d'accès

Prendre la D.21 en direction de la mer, passer Carnon et la Grande-Motte par la voie rapide puis tourner à droite vers le Grau-du-Roi que l'on évite par l'Est. Passer le canal d'Aigues-Mortes en direction de Port-Camargue. Avant le carrefour giratoire d'entrée prendre à gauche sur 5 km la petite route qui mène au phare de l'Espiguette. Parking payant en saison.

description

Du parking situé à proximité du phare de l'Espiguette, rejoindre la plage par un cheminement dans le marais. Contourner le phare et grimper sur les plus hautes dunes. On domine alors le site avec son moutonnement de sable à perte de vue et, par temps clair, on embrasse du regard un immense panorama allant des Pyrénées et du Canigou aux préalpes et au Mont-Ventoux en passant pas l'Espinouse, le causse du Larzac, la Seranne et les Cévennes, de l'Aigoual au Mont Lozère. On rejoint le rivage en passant à côté d'anciens blaukhaus datant de la dernière guerre. En longeant le rivage vers l'Est sur environ 8 km, on peut aller jusqu'à la prise d'eau des salins d'Aigues-Mortes. De l'autre côté, en marchant sur 4 km on peut rallier Port-Camargue après avoir traversé les campings de l'Espiguette. En hiver ou après une période de pluies, certaines parties basses sont inondées et doivent être contournées. Ces étendues d'eau miroitant au soleil au milieu des monticules de sable balayés et festonnés par le vent sont un spectacle inoubliable.

Le vent modèle l'image des dunes.

L'ABBAYE DE MAGUELONE

circuit autour de la cathédrale

A 12 km au Sud de la ville, la visite de la cathédrale de Maguelone, combinée avec un circuit la contournant par la plage et les étangs, permet une approche enrichissante de ce site réputé. A faire en famille.

fiche technique

Longueur : 10 km
Dénivelé : 0 mètre
Durée : 2 h 30
Difficulté : néant
Période : demi-saison, hiver

Equipement : randonnée légère
Point d'eau : néant
Balisage : néant

Carte Michelin N° : 83 pli 17
Carte IGN 1/25 000 N° : 2744 Est

itinéraire d'accès

Aller jusqu'à Palavas-les-Flots par la D-986. Au rond-point, à l'entrée de l'agglomération, prendre la direction de Maguelone. Passer le grau du Prévost, puis entre la station d'aquaculture et le camping, et garer le véhicule, juste après, au parking (payant en saison).

description

L'itinéraire est simple. On commence par longer la plage vers l'Ouest, soit au bord de l'eau, soit sur le cheminement aménagé en haut de la plage, jusqu'à l'accès à droite à l'abbaye de Maguelone. Après l'avoir visitée, on revient sur la plage. On marche environ 400 mètres vers l'Ouest en contournant les bassins d'aquaculture. Remarquez les beaux galets polis par le ressac dont certains, transportés par les courants marins, proviennent de la haute vallée de la Durance. Peu après une stèle élevée en mémoire d'un démineur et juste avant une cabane, prendre à droite une petite route interdite aux véhicules en direction de Maguelone. En longeant l'étang de Pierre Blanche, on contourne l'île par l'Ouest et on rejoint le canal du Rhône à Sète à la porte-nord érigée par F. Fabrèges. On revient vers le pont des Quatre Canaux de Palavas en suivant le chemin de halage sur 3,5 km. Chemin faisant, si l'on ne fait pas de bruit, ni de gestes brusques, on pourra observer toutes sortes d'oiseaux, tels que cormorans, aigrettes, flamants roses, mouettes rieuses, etc. On enjambe la passe des Pontils faisant communiquer les étangs entre eux, puis on arrive aux cabanes de l'Arnel

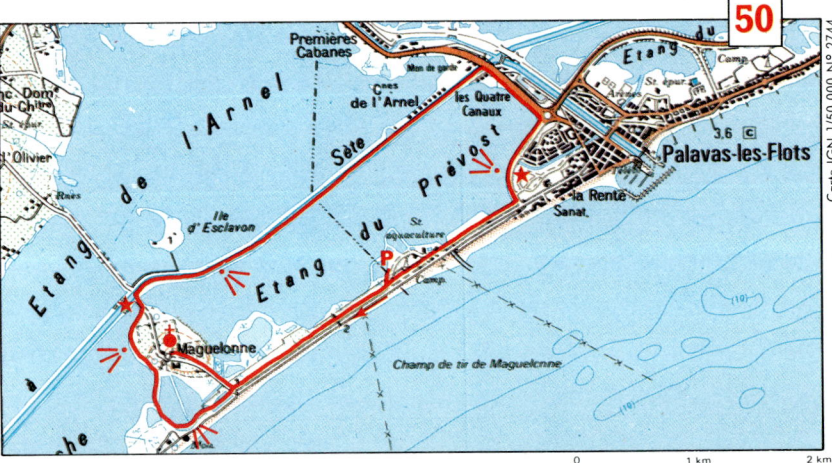

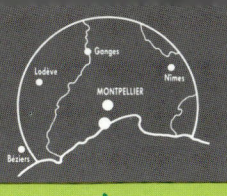

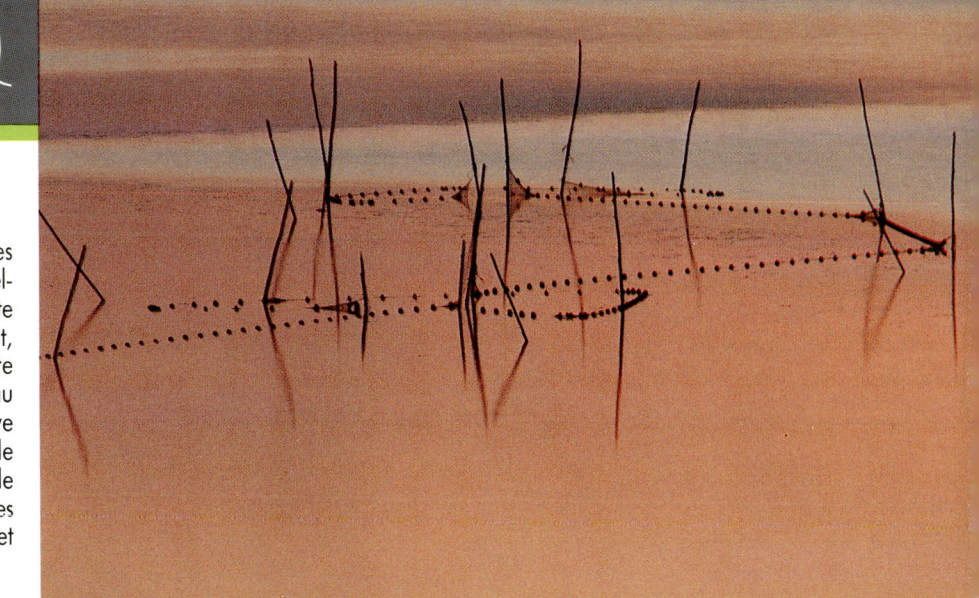

devant lesquelles évoluent souvent les embarcations du club d'aviron de Montpellier. Au pont, on tourne à droite sur la route qui longe l'étang du Prévost. Au rond-point, à l'entrée de Palavas, on tourne à droite pour revenir au parking. On s'arrêtera au passage pour examiner la vieille locomotive et le panneau évoquant le petit train de Palavas, illustré de plusieurs dessins de Dubout. Deux autres panneaux donnent des informations sur l'histoire de Maguelone et sur la faune et la flore des étangs.

Maguelonne, ancienne cité gallo-romaine, que Charles Martel rasa en 739 pour ne pas l'abandonner à la convoitise des Sarrasins, se releva au XIᵉ. Elle fut le siège d'un évêché qui fut définitivement transféré à Montpellier en 1536. Ses remparts furent démantelés en 1623 sur l'ordre de Richelieu, afin qu'elle n'échoue pas aux protestants ; il ne restait plus que l'ancienne cathédrale St-Pierre de Maguelonne en grand danger d'être démembrée. Ce monument en péril trouva son champion en 1852 en Frédéric Fabrègues qui, après l'avoir acheté, s'en fit le défenseur enthousiaste et avisé. La cathédrale fut rendue au culte en 1875.

Véritable forteresse percée d'étroites meurtrières elle semble encore redouter le profane. Sa façade presque écrasante et son chevet corseté de contreforts lui confèrent une sorte de dignité. Les bâtiments environnants abritent l'Association des compagnons de Maguelonne. Au S.O. la petite chapelle gothique fut restaurée par les soins de F. Fabrègues à qui l'on doit aussi le grand arc, à l'extrémité N.-O. de l'îlot, face à Villeneuve.

Bonjour
LES PLAGES

Merci, monsieur le Rhône !
Grâce à vous, les étendues de sable les plus
généreuses de la Méditerranée s'étalent sous
nos serviettes de bain, chez nous en Languedoc, le long de cette merveilleuse eau turquoise
que l'on nomme Golfe du Lion.

Des Saintes-Maries-de-la-Mer jusqu'au Cap
d'Agde, grâce à vous, les plages ont fixé nos
étangs, nos huîtres et nos flamants roses.

Merci, monsieur Mistral et madame Tramon-
tane de ne vous rejoindre ici qu'à bout de
souffle !

Merci encore, seigneur Soleil, de nous dispenser vos rayons sans compter jusqu'aux derniers jours d'octobre, le terme de notre « été
indien » !

Bravo, amis touristes, en choisissant le Golfe
du Lion pour vos vacances à la mer, vous fai-
tes le choix du roi !

« Bonjour les plages »

Des Saintes-Maries-de-la-Mer jusqu'au Cap
d'Agde, ce guide destiné aux plus curieux propose de goûter l'ambiance de chaque station,
de chaque dune, de chaque port. Les fruits de
mer, la pêche au gros, les joutes, le tambou-
rin, et bien d'autres « grains de sable » à découvrir sur le littoral languedocien.

LE HERON BIHOREAU   LA GRANDE AIGRETTE   LE HERON CENDRE   L'HUITRIER-PIE   L'AIGRETTE GARZETTE

Photos Pélican

LES ECHASSIERS DE L'ETANG

Prenez contact avec la flore et la faune des étangs, été comme hiver, avec les circuits organisés par l'Office du Tourisme de PALAVAS.

Partez à la découverte des étangs de Palavas, de la faune et de la flore du milieu lagunaire. Là une guide spécialisée de l'Office du Tourisme, vous emmenera sur des sentiers peu fréquentés. Avec elle vous observerez, le Héron caché derrière une roselière, le vol d'Avocettes revenues d'Afrique, vous connaîtrez les mœurs, les habitudes de chaque oiseau et les secrets de l'environnement que vous traverserez. Rencontres inhabituelles, dont vous vous souviendrez. Pour cette balade les jumelles sont fournies par l'Office du Tourisme. En saison ces sorties ont lieu plusieurs fois par semaine, hors saison, tous les mercredis matin au départ de l'Office.

Informations, inscriptions, **Office Municipal du Tourisme de Palavas.**

34, boulevard Joffre
34250 Palavas-les-Flots
Tél. : 67.68.02.34

GLOSSAIRE

BIBLIOGRAPHIE

Affleurement : partie d'un terrain visible à la surface de la terre.

Aven : puits naturel creusé en terrain calcaire par dissolution ou effondrement.

Bartas : broussailles, maquis épais, plus ou moins pénétrable.

Basalte : roche volcanique dont la pâte compacte est sombre.

Baume : grotte, abri-sous-roche.

Bief : portion plus ou moins longue d'un cours d'eau entre deux chutes ou deux rapides.

Cairn : monticule de pierres édifié en montagne pour indiquer un passage.

Calcaire dolomitique ou dolomie : roche sédimentaire d'aspect grumeleux dont la dissolution donne un relief ruiniforme caractéristique.

Calcite : carbonate de chaux cristallisé constituant les concrétions calcaires.

Can, calm : champ, plateau.

Canyon : géologiquement désigne une gorge creusée dans le calcaire par un cours d'eau, à la fois par un phénomène de dissolution et par érosion mécanique. Son aspect général est caractérisé par un profil aux parois abruptes.

Capitelle ou borie : petite construction en pierres sèches.

Castellas : vieux château ruiné.

Causses : vastes plateaux au relief calcaire ou karstique.

Charbonnière : aire dans la forêt où l'on procède à la fabrication du charbon de bois.

Clapas : endroit caillouteux.

Clue ou cluse : Gorge ou défilé entaillé par un cours d'eau perpendiculairement à une chaîne de montagnes.

Col : dépression dans une crête formant un passage.

Combe : vallée profonde.

Crête : ligne de faîte d'une montagne.

Dike : magma basaltique insinué dans une fissure d'un appareil volcanique formant de véritables murailles escarpées, une fois dégagé par l'érosion.

Doline : cuvette de nature karstique au fond de laquelle s'ouvre parfois un aven.

Dolmen : du breton Dol, table, et Men, pierre. Monument mégalithique constitué d'une dalle horizontale posée sur des blocs verticaux.

Dolomie : roche sédimentaire, ruiniforme par excellence (roche dolomitique).

Draille : chemin ou piste emprunté par les troupeaux en transhumance.

Etiage : période de basses eaux d'un cours d'eau ; généralement en été.

Exsurgence : source livrant des eaux provenant d'infiltrations.

Fage, fajas, fajole ou fageole : hêtraie.

Faille : fracture de la roche entraînant une discontinuité des strates.

Faïsse ou bancel : culture en terrasse soutenue par un muret en pierres sèches.

Font ou foux : source.

Garrigue : végétation de chêne vert ou de chêne kermès sur affleurements rocheux en terrain calcaire.

Gour ou gourd : barrage naturel de calcite formant des vasques retenant l'eau.

Joint de stratification : séparation entre deux couches de sédiment, matérialisée par une ligne séparant les strates de roche.

Karst : région géologique de Yougoslavie ayant donné son nom à un type de relief calcaire caractéristique dans lequel l'eau a creusé des cavités par dissolution de la roche.

Lapiaz, lapies : ciselures superficielles de formes variées, creusées par les eaux en terrain calcaire.

Lavogne ou lavagne : cuvette artificielle généralement maçonnée et rendue étanche par un lit d'argile. Alimentée par les eaux pluviales, elle forme une mare où les bêtes viennent boire.

Main courante : corde ou câble fixé plus ou moins horizontalement pour servir de rampe.

Manade : élevage de taureaux ou de chevaux en pays camarguais.

Maquis : végétation dense et touffue composée de petits arbustes poussant sur des sols siliceux.

Marmite de géant : cavité plus ou moins sphérique creusée dans un cours d'eau par le mouvement tourbillonnaire d'un caillou appelé meule.

Mas : maison de campagne, nom courant pour désigner la ferme en occitan. Diminutif Mazet.

Méandre : conduit sinueux généralement haut et étroit.

Mégalithe : monument préhistorique ou d'époque gauloise utilisant des grosses pierres (dolmen, menhir, tumulus, cromlech).

Menhir : du breton Men, pierre, et Hir, longue. Monument mégalithique constitué d'un seul bloc de pierre planté verticalement.

Neck : remplissage de cheminée volcanique dégagée par l'érosion.

Oppidum : ouvrage fortifié préhistorique ou romain.

Percoler : traverser lentement un terrain perméable (en parlant de l'eau).

Perte : cours souterrain d'une rivière.

Peyre : pierre. Entre dans la composition de nombreux noms de lieux.

Pierrier : éboulis formé de débris rocheux qui tapissent un versant.

Plo : large col.

Puech ou pioch : montagne, sommet isolé.

Reculée : fond d'une vallée en cul-de-sac aux parois verticales. Partie plate en saillie.

20 randonnées choisies dans les monts de St-Guilhem-le-Désert par Patrick Pages et R. Pierre-Auguste.

Circuits pédestres gardois par le Comité Départemental du Tourisme du Gard.

L'Hérault à pied par le Comité Départemental du Tourisme de l'Hérault.

Les balades de la Gazette : (de Montpellier) par L. Marion, J.L. Estève, F. de Richemond, S. Berger et H. Borg.

Promenades à pied autour de la grotte des Demoiselles par Denis Dainat.

Randonnées pédestres dans le Haut-Languedoc par André Théron (Edisud).

Connaissance du Pays d'Oc (Magazine) par les Editions de la Source.

Circuits pédestres - Cévennes par Nicolas Dessaux. Edition Franck Mercier (guides Franck).

Ressaut ou replat : cran plus ou moins haut nécessitant parfois d'être gravi ou descendu en escalade, saillie.

Resurgence : réapparition à l'air libre d'un cours d'eau englouti dans une perte.

Ruffes : marnes ravinées, rouges, des environs du Salagou.

Sente : petit sentier, parfois tracé par des animaux.

Serre : crête, colline étroite et allongée.

Sotch : grande dépression fermée dans les Causses utilisée parfois comme terrain de culture.

Strate : chacune des couches de matériaux qui constituent un terrain.

Talweg : ligne joignant les points les plus bas d'une vallée, suivant laquelle les eaux s'écoulent.

Toboggan : cascade ou ressaut oblique.

Vasque : plan d'eau plus ou moins profond. Fréquent à la base des cascades.

FRANCIS DE RICHEMOND

Depuis plus de vingt ans, Francis de Richemond, photographe illustrateur montpelliérain, arpente professionnellement les moindres parcelles de la région, des Cévennes à la mer et des Pyrénées jusqu'aux Alpes.

Par ailleurs, ses activités spéléologiques l'ont conduit à fouiller, hors pistes, les coins les plus reculés des causses et des garrigues. Nous faisant partager sa passion, il nous invite par le présent ouvrage à partir avec lui, à pied, à la découverte de quelques-uns des plus beaux itinéraires des environs de Montpellier.

Remerciements

Pour leur aimable collaboration, l'auteur tient à remercier tout particulièrement Françoise et Jean-Marie Delord, Christian et Mireille Salès, Claude et Christine Chantemesse, François Gagnier, Jacques Brochin, Henri Roman ainsi que les baliseurs bénévoles des comités départementaux de randonnées pédestres du Gard et de l'Hérault.

Comité Départemental de la Randonnée Pédestre : C.D.R.P. 34
M. Gilles Bonhomme - Chambre d'agriculture, Place Chaptal - 34076 Montpellier Cedex - Tél. : 67.92.88.00.

C.D.R.P. 30
5, rue Raymond Marc - 30000 Nîmes

Comité Régional de Randonnée Pédestre :
Chambre d'agriculture - Tél. : 67.92.88.00.

Fédération Française de Randonnée Pédestre : (C.N.S.G.R.)
8, av. Marceau - 75008 Paris
Tél. : (1) 47.23.62.32.

Les Amis de la Nature :
Auberge de Jeunesse, impasse Petite Corraterie - 34000 Montpellier - Tél. : 67.72.46.57.

Les Randonneurs du Jeudi :
Mme Marcelle Fournié - 1271, rue Fontcouverte - 34070 Montpellier - Tél. : 67.42.73.35.

Les Randonneurs Montpelliérains :
79, impasse l'Aurore - 34170 Castelnau-le-Lez - Tél. : 67.63.49.76.

Par Plaines et Montagnes :
300, avenue de Saint-Maur - Résidence « Yerevan » 34000 Montpellier - Tél. : 67.70.83.79.

Rando-Loisirs :
5, quai du Sauvage - 34000 Montpellier - Tél. : 67.45.56.76.

NOTE DE L'AUTEUR ET DE L'EDITEUR

La pratique de la randonnée ne saurait en aucun cas dispenser du respect de la réglementation où des interdictions signalées. Entre le moment où les itinéraires ont été mis au point et celui où le randonneur effectue sa randonnée, réglementations et interdictions ont pu être modifiées et de nouveaux panneaux ont pu être posés : on doit impérativement en tenir compte.

L'auteur et l'éditeur dégagent toutes responsabilités des infractions qui pourraient être commises par les utilisateurs de ce guide notamment en ce qui concerne le non respect de la propriété privée.

"**Les plus belles balades**" guide touristique et pratique. ISBN 2.903696-13-6 - ISSN : 1142-7175

© **1990 - Les Editions du Pélican** Camaruche-Marigot 97133 Saint-Barthélémy (F.W.I.) SARL au capital de 50 000 F - SIRET 321 724 379 00011.Code APE 5112.

Antilles : Loïc Codrons 24, allée des Perdrix, SICAF Destrellan, 97122 Baie-Mahault, Guadeloupe. Tél. : 19.590.26.19.95/27.65.99 (St-Barth.). Télécopie : 19.590.26.19.95.

Métropole : Jean-Michel Renault (J.-M.R.). Les Créations du Pélican. "La Maison d'Eurydice", avenue de M. Teste, 34070 Montpellier - Tél. 67.45.24.21. Télécopie : 67.75.53.88

©IGN - Paris 1991 - Autorisation n°32.9101

"**Les plus belles balades**" est une réalisation des **Créations du Pélican,** photocomposée par "Anadine Compo" (Montpellier), photogravée par la "photogravure des Ateliers Déhan" (Montpellier) et la "photogravure du Pays d'Oc" (Anduze), imprimée ensuite par l' "imprimerie SIAC" (Carcassonne) et prise enfin en main pour la reliure par la maison "Ginoux" (Chevilly-Larue).

Rédaction et photos : Francis de Richemond.

Complément rédactionnel : Elisabeth Prost.

Dépôt légal : 1er trimestre 1991

SLAVES, SERFS & WAGE-SLAVERY

a Tale of London's Docklands

SLAVES, SERFS
& WAGE-SLAVERY

A Tale of London's Docklands

Henry T. Bradford

First published in 2008 by
Bank House Books
BIC House
1 Christopher Road
East Grinstead
West Sussex RH19 3BT

BANK HOUSE BOOKS is a division of BANK HOUSE MEDIA Ltd

British Library Cataloguing in Publication Data
A catalogue record for this book is available from the British Library.

ISBN **9781904408376**

Cover artwork by Sue Randle

Typesetting and origination by Bank House Books
Printed and bound by Lightning Source.